Do Corpo

Do Corpo
André Comte-Sponville

Tradução
EDUARDO BRANDÃO

wmf **martinsfontes**

SÃO PAULO 2013

Esta obra foi publicada originalmente em francês com o título
DU CORPS
por Presses Universitaires de France
Copyright © Presses Universitaires de France, Paris
Copyright © 2013, Editora WMF Martins Fontes Ltda.,
São Paulo, para a presente edição

1ª edição 2013

Tradução
EDUARDO BRANDÃO

Acompanhamento editorial
Luzia Aparecida dos Santos
Revisões gráficas
Andréa Stahel M. da Silva
Margaret Presser
Edição de arte
Katia Harumi Terasaka
Produção gráfica
Geraldo Alves
Paginação
Studio 3 Desenvolvimento Editorial

Dados Internacionais de Catalogação na Publicação (CIP)
(Câmara Brasileira do Livro, SP, Brasil)

Comte-Sponville, André
  Do corpo / André Comte-Sponville ; tradução Eduardo Brandão. – São Paulo : Editora WMF Martins Fontes, 2013. – (Série Comte-Sponville)

Título original: Du corps.
ISBN 978-85-7827-696-6

1. Comte-Sponville, André 2. Filosofia francesa 3. Filósofos – França – Biografia I. Título. II. Série.

13-05103   CDD-194

Índices para catálogo sistemático:
1. Filósofos franceses 194

Todos os direitos desta edição reservados à
Editora WMF Martins Fontes Ltda.
Rua Prof. Laerte Ramos de Carvalho, 133 01325.030 São Paulo SP Brasil
Tel. (11) 3293.8150 Fax (11) 3101.1042
e-mail: info@wmfmartinsfontes.com.br http://www.wmfmartinsfontes.com.br

Índice

Prefácio 7
Preâmbulo 43

I. A filosofia, a ética e a moral; nem esperança nem desespero; dar uma alma a meu corpo; materialismo e sublimação 45

II. O amor, a poesia 55

III. A admiração; as ciências, as artes, a filosofia; felicidade e infelicidade 63

IV. A arte e o belo; a crise da arte contemporânea; Magritte e Chardin; classicismo e modernidade: sair do século XIX; Mozart; ética e estética 77

V. Deus, a religião, o ateísmo; racionalismo e superstições; o espírito descendente em Simone Weil; o alto e o baixo; nem pessimismo nem otimismo; o egoísmo e a morte 101

VI. Vida social e política; ridículo e tirania; a democracia; o progresso; o indivíduo e o grupo 119

VII. O que é o eu?; *taceo* ou *cogito*?; a alma; amor a si e amizade; Espinosa contra Pascal; o egotismo; amor a si e sabedoria; o dualismo paradoxal de Paul Valéry; o sábio é o anti-Narciso; não mentir.. 131

VIII. Querer filosofar; que a crítica do livre-arbítrio não abole toda hierarquia ética; determinismo e libertação nas ciências humanas; razão e vontade.... 149

IX. Materialismo e ascensão; a dificuldade do ser; o naturalismo de Espinosa; o ponto de vista de Deus ou da totalidade; o silêncio; valor e verdade..... 169

X. A morte em Platão e em Epicuro: tanatofilia e hedonismo; viver no presente: *carpe aeternitatem*; morte e finitude; a eternidade e o tempo; a história e a verdade; a sabedoria 189

XI. O materialismo: que ele explica o superior pelo inferior, mas sem negar sua superioridade; uma verticalidade sem transcendência; o absoluto prático; Nietzsche, Hegel ou Espinosa?; o alto não existe primeiro, mas sim o baixo; o riso de Epicuro; a moral e a história; heteronomia do sentido, autonomia da verdade; o que decorre disso: que a verdade não tem sentido, nem o sentido, verdade; a beatitude: o amor verdadeiro ao verdadeiro 205

XII. O paradoxo desta coletânea; filosofia e literatura; ecletismo?; ridículo, verdade, classicismo; como escrevi este livro; Ícaro feliz 233

Prefácio

Trinta anos depois

Estranha situação, e desconfortável, a de reler pela primeira vez, e prefaciar, o livro do rapaz que fui, trinta anos atrás, e que já não sou'

Eu ia fazer vinte e seis anos. Dava aula de filosofia numa cidadezinha do norte da França. Morava sozinho, pela primeira vez na vida (só tinha saído da casa de meus pais, alguns anos antes, para me instalar na Normale Sup, rua d'Ulm, e depois para morar com uma moça). Tinha me afastado dos amigos, da política, que tanto me monopolizara nos anos precedentes, enfim de uma certa forma de frivolidade estudantil e parisiense. O que me restava? A arte, que eu praticamente estava descobrindo, e a filosofia, que tinha de redescobrir para poder dar aula. Muita tensão, muitas paixões, muita exaltação. Muita solidão e muito desconcerto. Muita angústia e muita ambição. Eu reatava com o garoto sério que eu tinha sido, com o adolescente orgulhoso que eu já não era. Estava me tornando adulto, pelo menos estava tentando. "Daqui a catorze anos você vai ter quarenta...", dizia a mim mesmo. Aquilo me parecia assustador, quase incrível. Vê-se que eu era muito jovem. Não tinha mais tempo para esperar, não tinha mais tempo a perder, pelo menos era esse o meu sentimento, como uma urgência perante a morte ou a posteridade. Não somos modestos quando temos vinte e seis anos. Eu lia (principalmente filósofos e artistas), preparava minhas aulas, lecionava, corrigia provas, ouvia música (Bach, Mozart, Beethoven, Schubert, Brahms, Ravel...). Isso me angustiava e não me bastava. A vida e a arte me pareciam igualmente difíceis, igualmente apaixonantes. Eu sonhava com amor, criação, trabalho, glória... Carecia de humildade e de confiança em mim. Quem sabe do que é capaz antes de fazê-lo? Sempre quis escrever; estava na hora de pôr seriamente mãos à obra.

Escrever, então; mas o quê? Um romance? Eu quase já não os lia, nem sentia ter dom para compô-los. Poemas? Acontecia-me escrevê-los, também sem me convencer. Não passavam de exercícios literários ou amorosos. A filosofia continuava sendo para mim a grande aposta, ou antes, tinha voltado a ser, depois da política e da arte. O concurso para professor, que eu havia feito três anos antes, quase me fez perder o gosto por ela. Para torná-la acessível aos adolescentes, precisava voltar aos textos mais fundamentais, se não mais elementares, que são quase inevitavelmente os mais antigos e os mais decisivos. Platão em vez de Derrida. Lucrécio em vez de Deleuze. Descartes em vez de Gueroult. Rousseau em vez de Barthes. Nietzsche em vez de Foucault. Marx em vez de Althusser. Freud em vez de Lacan... Isso me afastava da época e me aproximava dos meus gostos. Nenhuma atração pela novidade, que passa tão depressa, muito menos pelas pretensas vanguardas. Que será delas daqui a duzentos anos? Fascínio pelo passado? Nem tanto. Ao contrário, aversão pelos historiadores da filosofia que só sabem dissecar cadáveres. Desdém pelo esnobismo, que só sabe gostar da moda. E fascínio pela eternidade, que não passa. É o presente verdadeiro. Descartes e Bach, a luta é a mesma! Eu tomava o caminho mais direto e mais importante:

procurava ler apenas as obras-primas, sem me preocupar, salvo em caso de dificuldade particular, com os comentadores e os eruditos. Era o que um amigo meu chamava então, não sem alguma ironia, de meu "fundamentalismo". Eu o assumia resolutamente. Estava solitário demais para fingir, enfastiado demais da modernidade para querer imitá-la.

Isso era verdade principalmente de um ponto de vista estético. A arte contemporânea, apesar de todos os meus esforços, ou talvez por causa deles, me oprimia. Na música, que era minha grande paixão, eu não ia muito além de Ravel e Debussy. Não era uma escolha (quem escolhe seus gostos?), mas uma constatação, muitas vezes e tristemente reiteradas. Schoenberg e seus discípulos me entediavam; Boulez me irritava; Shostakovitch me dava náuseas; Dutilleux me cansava... E estes, ainda, eram evidentemente mestres, hábeis, respeitáveis. Nas artes plásticas, era pior. No Beaubourg, que acabava de abrir, ou nas galerias, que eu frequentava mais assiduamente do que hoje, quase só via bobagem ou pretensão, vacuidade ou vulgaridade. Picasso fora um grande pintor (sem dúvida o maior do século), Matisse e Staël, Balthus e Bacon tinham uma obra importante, isso eu reconhecia de bom grado, mas sem entusiasmo. Mas parecia-me ininteligível que vários amigos meus pudessem se extasiar diante das monocromias de Klein, dos coloridos de Delaunay ou das compressões de César. E o que dizer daqueles inúmeros *ready-mades*, depois daquelas tais "instalações", que pretendiam, seguindo os passos de Duchamp (só que sessenta anos mais tarde!), erigir qualquer coisa em arte, a impostura em comércio e a provocação em rendimentos? Ninguém escolhe seus gostos, tampouco sua época. A minha, de um ponto de vista artístico, me revoltava.

Eu era mais colérico do que sou atualmente. É porque envelheci, não porque mudei de opinião. Na época, eu me tranquilizava dizendo que esses desacertos não durariam muito. Estava errado. Eu me consolo frequentando alguns artistas de hoje que procuram reatar com o "ofício perdido", como dizia Lévi-Strauss, e tirar a arte contemporânea da crise em que está enredada ou que a define. Eles precisam de muita coragem, a tal ponto são ignorados pela mídia e pelos poderes. Em todo caso entrei, naqueles anos, numa espécie de dissidência estética, como que uma cólera surda contra a época e seus *diktats*. Questão de gosto, insisto, mais que de doutrina, mas que desempenhou, em minha trajetória intelectual, um papel decisivo. Foi então que aprendi a pensar contra o meu tempo. O desprezo, às vezes, é salutar.

Em filosofia, era diferente. Nela o ofício, com suas exigências de cultura, continuava sendo de competência, de tecnicidade, de trabalho, digamos de saber e de tarimba. Nesses terrenos, é difícil iludir! Além disso, o público, em se tratando de livros, dita a lei, muito mais que os burocratas ou os investidores. Isso cria uma espécie de seleção, mais saudável que a das panelinhas ou a dos cortesãos, que reina nas belas-artes. Enfim, a moda intelectual, naqueles anos 70, pendia para a seriedade, para o rigor ao menos aparente – mais para o conceito do que para os bons sentimentos. As ciências humanas, o estruturalismo e a desconstrução estavam na crista da onda, às vezes de forma grotesca (Lacan), na maioria das vezes a partir de obras singulares e fortes. Em suma, a época, para um jovem filósofo, era mais para admirar do que para desprezar. Alguns vigaristas. Alguns virtuoses abscensos ou cheios de jargões. Muita inteligência, conhecimento, radicalidade, brio. Ser contemporâneo de Deleuze, Foucault, Derrida ou Althusser era uma coisa e tanto, que dava vontade de pensar!

Sim, pelo menos por algum tempo e com o reforço da moda. Comecei com Althusser, por razões principalmente políticas, e não sem entusiasmo. Tive mais dificuldade com os outros. Aqueles mestres, que meus melhores amigos veneravam, me deixavam insatisfeito. E não foi por falta de esforço! Quem não preferia ser moderno, aos vinte anos? Mas um dia tive de me render à evidência: os grandes livros do momento, por exemplo *Les mots et les choses* [*As palavras e as coisas*], *L'anti-Œdipe* [*Anti-Édipo*] ou *Glas*, não obstante a evidente mestria de seus autores, me caíam das mãos. Os *Pensées* [*Pensamentos*] de Pascal, que eu acabava de reler, ou os *Ensaios* de Montaigne, que eu estava descobrindo, me empolgavam.

Eu lia Althusser? Sem dúvida. Muito mais porém como um comentador perspicaz do que como um criador. Marx me interessava mais, como é normal, e mais ainda os textos de Epicuro, a *Ética* de Espinosa e as *Méditations* [*Meditações*] de Descartes, que eu conhecia quase de cor. Aliás, eu teria a oportunidade de me explicar a esse respeito com aquele que foi meu mestre. Seria em 1979. Encontro Althusser na esquina da rua d'Ulm com a rua Claude-Bernard. Ele quer saber o que ando fazendo (tinha saído da École Normale Supérieure havia três anos). Respondo que estou trabalhando, tentando escrever... Depois acrescento: "Quando eu estava na École, procurava ler Espinosa à luz de Marx, como você tinha nos ensinado. Hoje, faço o contrário: procuro ler Marx à luz de Espinosa..." Althusser meneou a cabeça com força, como costumava fazer, depois me confidenciou: "Afinal, cheguei mais ou menos à mesma conclusão." Ainda era me acompanhar, mas me deixando livre no próprio movimento que me afastava dele. Um verdadeiro mestre é o contrário de um guru.

Eu admirava Lévi-Strauss? Claro, e não deixei de admirar. Mas sem me interessar muito pela etnologia, nem pelo estruturalismo (ele próprio detesta a palavra e os amálgamas que ela supõe), menos ainda pelos mitos ou pelos "modos à mesa"... Suas conclusões é que me falavam, quando se encontravam com a filosofia ou a arte: o fim de *Tristes tropiques* [*Tristes trópicos*], o último capítulo de *La pensée sauvage* [*O pensamento selvagem*], o final suntuoso de *L'homme nu* [*O homem nu*], que talvez seja o texto contemporâneo que mais admirei... Isso me remetia a Buda, a Montaigne, a Rousseau, muito mais que aos contemporâneos. De resto, haverá censor mais severo da modernidade e do "tédio insuportável que as letras contemporâneas exsudam"?

Afinal, isso constituía como que um contraste, que eu vivia dolorosamente: os autores da moda me deixavam reticente ou só me interessavam marginalmente; os grandes autores do passado me enchiam de satisfação e de admiração. Questão de gosto, mais uma vez, que no entanto me levou – a não ser que eu me traísse – a extrair algumas consequências, pelo menos de ordem pessoal. Ninguém é obrigado a ser moderno; ninguém é dispensado de ser sincero. Eu bem via que Foucault, Deleuze, Derrida, Althusser ou Lévi--Strauss têm talento, e até mais que isso (sobretudo Deleuze). Saltava aos olhos que eles leram muito, estudaram muito, trabalharam muito. Mas era o resultado do trabalho deles que me parecia, como Pascal escrevera de Descartes, "inútil e incerto". A glória deles, então no auge, seu saber e sua gentileza (principalmente no que diz respeito a Althusser e Derrida, que foram meus professores) não o alteravam em nada. Os indivíduos me pareciam evidentemente respeitáveis, sedutores (principalmente Althusser), impressionantes (principalmente Lévi-Strauss, que só encontrei mais tarde), fascinantes às vezes (principalmente Foucault)... Mas seus livros não indicavam, para mim, nada mais que a direção que eu não queria tomar. Eu lia portanto os antigos (primeiro Platão e Epicuro, depois Aristóteles, Plotino, os estoicos...), os clássicos (Descartes, Espinosa, Leibniz), os modernos (principalmente Kant e Schopenhauer), os "mestres da suspeita", claro (Nietzsche, Marx, Freud), inclusive alguns autores do século XX (de preferência os que ninguém mais lia, ou ainda não lia: Alain, Simone Weil, Marcel Conche...), e deixava cada vez mais por conta dos jornais as estrelas intelectuais da hora – salvo Lévi-Strauss, que no entanto compartilhava a maioria das minhas reticências. Isso me fez perder alguns amigos, que me consideravam arcaico, e ganhar muito tempo.

Vê-se que os autores anglo-saxões ou "vienenses" brilhavam por sua ausência. Era o espírito da época ou do país: a França intelectual acreditava-se na vanguarda, com uma fatuidade tanto maior quanto ignorava soberbamente os filósofos modernos ou contemporâneos de fora das suas fronteiras, que podiam contestá-la. "Empirista", nos círculos que eu frequentava, era uma espécie de injúria. "Positivista", uma espécie de ridículo. "Anglo-saxões", uma espécie à parte. Daí um dicionário das ideias preconcebidas, no mais das vezes não formulado, mas que mesmo assim realizava, em nossos leitores, uma triagem temível e imbecil. Hobbes? Pensador reacionário. Preferir Espinosa. Locke? Hume? Liberalismo burguês. Preferir Maquiavel ou Rousseau. Bentham? Mill? Inúteis. Preferir Marx. Frege? Russel? Carnap? Lógicos demais para ser filósofos. John Rawls? Desconhecido! Karl Popper? Muito mais detestado ou desprezado (por seu antimarxismo) do que lido. Preferir Bachelard. Wittgenstein? Muito mais reverenciado de longe do que lido. Preferir o silêncio.

Estou exagerando, é claro, mas não tanto quanto se poderia crer. Marx ou Althusser reinavam soberanos entre os meus amigos. Eu tinha demasiada devoção ao primeiro, demasiado afeto pelo segundo, para resistir, como deveria, aos ditados da moda ou da ideologia. Com isso perdi um tempo que nunca recuperarei totalmente. Minha formação era exageradamente "continental", ou seja, na verdade provinciana (do provincianismo parisiense, o pior de todos), e assim continuou, infelizmente, em boa parte. Ninguém escapa da juventude, ou nunca inteiramente. Só alguns anos depois, aliás não sem dificuldades, é que passei a me interessar pelo atomismo lógico, que li Hume, Wittgenstein, Popper, com uma sensação primeiro de exotismo, depois, cada vez mais, de admiração e de paradoxal proximidade.

Outro ausente notável: Heidegger. Meu professor do curso preparatório para a École Normale Supérieure, que eu admirava apaixonadamente, o havia apresentado como um nazista; ora, ele havia acrescentado, "proíbo que se fale de nazistas nas minhas aulas". Considerei aquilo indiscutível. Será necessária a insistência amiga de Marcel Conche, anos depois, para anular essa proibição, sem todavia fazer minhas reticências desaparecerem completamente. A profundidade e a obscuridade não desculpam tudo.

Houve enfim Montaigne, que descobri naqueles anos e que me fascinou. Ninguém, na Sorbonne ou na rua d'Ulm, nunca tinha me falado dele (salvo talvez Marcel Conche, mas só o conheci no ano do meu concurso para professor), e isso diz muito sobre a tolice universitária. Atirei-me aos *Ensaios*, primeiro com dificuldade depois apaixonadamente. Era uma leitura árdua para mim, por causa da língua, e perturbadora, por causa do pensamento, da escrita, do homem, ou antes, do encontro indissociável dos três. Haverá inteligência mais bela e mais sutil? Haverá escrita mais livre, mais inventiva, mais saborosa? Haverá autor mais verdadeiro, mais lúcido, mais humano? Desde então, os *Ensaios* nunca me largaram, tampouco os *Pensamentos* de Pascal, descobertos aos dezesseis anos, e que não deixei mais de reler. Esses dois autores não contribuíram, como se pode imaginar, para me reconciliar com a modernidade.

Mas vamos aos textos a serem apresentados. Foram escritos entre 1978 e 1980. Acabo de reler o conjunto deles, pela primeira vez em vinte e oito anos. Não fosse a insistência do meu velho amigo Roland Jaccard, que dirige a coleção em que são publicados, e a quase promessa que eu lhe havia feito muito tempo atrás, não tenho certeza de que os publicaria hoje. Muitas fraquezas, muitos descuidos, muita fragilidade. Roland, que fala, em vez disso, de frescor e ingenuidade, diz que isso faz parte do charme desse manuscrito, que por esse motivo mereceria ser editado... Admitamos. É uma coletânea de aforismos. O gênero, que tem sua nobreza, me seduzia particularmente na época. Como leitor, gostava muito dos textos descontínuos (Nietzsche, claro, mas também e sobretudo os fragmentos conservados de Epicuro, os *Pensamentos* de Pascal, e inclusive, à sua maneira geométrica, a *Ética* de Espinosa). Como autor, não me sentia capaz de empreender um trabalho contínuo. Falta de coragem, de paciência, de obstinação? Pode ser, mas não só. Falta, sobretudo, de visão, de recuo, de positividade. Minhas ideias eram antes de tudo polêmicas, portanto dispersas também. Como fazer para reuni-las? Como fazer com elas um livro? A verdade é que eu não sabia direito o que dizer, nem aonde ir. A fenomenologia francesa (Sartre, Merleau-Ponty), que meu professor do colegial punha nas alturas, por um tempo me havia servido de doutrina, depois me cansou. Haverá coisa mais enganosa que uma consciência? Marx e Althusser, que a tinham substituído, afastavam-se pouco a pouco de mim, ou eu deles. Pareciam-me, agora, explorar apenas um cantinho do real, politicamente decisivo, filosoficamente restrito. Eu já não podia acreditar que a filosofia fosse essencialmente "luta de classe na teoria", como pretendia meu mestre e amigo. Parecia-me que era pôr o pensamento embaixo demais ou a luta de classes em cima demais. De resto, eu estava saindo do Partido Comunista, no qual havia militado por dez anos. Era preciso, intelectualmente, tirar algumas lições disso... Em suma, eu não tinha, ou já não tinha, filosofia. Procurava uma filosofia, menos para fazer o luto do marxismo, do qual continuava próximo, do que para integrá-lo, tanto quanto pudesse, num pensamento mais poderoso ou mais vasto. Inventar um sistema? Já não acreditava em sistemas. Conceber uma obra? Ainda não me sentia capaz. Renunciar a escrever? De maneira nenhuma. O pensamento fervilhava em mim, num misto de exaltação, revolta e perplexidade. Eu enxergava claro pelo menos em minhas recusas. Faltava encontrar o conteúdo positivo que pudesse justificá-las. Pensar contra? É só um início. Toda filosofia é polêmica, mas a polêmica nunca bastou para fazer uma filosofia.

Eu dava aula no último ano do colegial, dezesseis horas por semana. Isso me confrontava permanentemente com os grandes autores, para preparar minhas aulas, e comigo mesmo, em meus momentos de meditação. O mais simples me pareceu anotar determinada ideia que me parecesse verdadeira, determinada fórmula que me parecesse importante, quando elas viessem... Comprei um caderno. Logo se encheu. Uma ideia chamava outra, que a corrigia ou a explicitava. Era como uma discussão, mas que eu tinha comigo mesmo, como um diário íntimo (cada texto era datado), mas puramente intelectual. Eu escrevia menos para dizer o que pensava do que para descobrir. Isso não acontecia sem narcisismo, como é normal nessa idade, mas também não sem certas qualidades de exigência, de liberdade, de curiosidade, de gravidade, de autenticidade, que me orientavam. Um texto, depois outro, depois outro mais... Era inventar meu caminho percorrendo-o, como um *work in progress* filosófico. Cada aforismo constituía um acampamento provisório, que era preciso abandonar ou reconstruir no dia seguinte. Eu não sabia aonde ia, já disse, e foi para saber que empreendi, solitariamente, essa viagem.

A coletânea, pouco a pouco, tomou forma. Isso confirma que o gênero aforístico é o mais fácil, pelo menos para o autor. É como os materiais de um livro, que deixaríamos ao leitor o cuidado de construir ou de acabar. Um pouco de elegância, um pouco de elevação, muita concisão, muito não dito, muita alusão, uma pitada de mistério ou de claro-escuro... O estratagema funcionou: fiz um livro, ou quase, sem me ter dado verdadeiramente o trabalho de escrevê-lo.

Comumente somos punidos pela clandestinidade. Eu não me resignava a abandonar este manuscrito numa gaveta, por mais perplexo que me deixasse então (e hoje mais ainda!). Enviei-o a alguns editores, todos o recusaram, na maioria das vezes sem comentários. Só Roland Jaccard, que eu não conhecia, se disse interessado, ou até um pouco mais que isso. Pediu para me encontrar. "Coletânea de aforismos não vende", ele me explicou, "salvo quando o autor já é famoso e, de preferência, morto! Mas na sua coletânea há algo de comovente, de singular, enfim, que merece ser lido. Vou tentar publicá-la na Presses Universitaires de France, na coleção que dirijo, mas não posso prometer nada..." Faltou-lhe entusiasmo? O manuscrito era fraco demais? A contenção financeira era demasiado premente? O fato é que essa editora prestigiosa, mas de recursos modestos, recusou deixar-se convencer. Roland Jaccard me deu a notícia por telefone:

– Não é de espantar – ele disse –, nem é tão grave: vamos publicá-la mais tarde, quando você for famoso ou estiver morto!

– Morto vou estar, mais cedo ou mais tarde...

– Claro! Mas corro o risco de morrer antes de você, e um outro é que vai publicar... Seria pena esperar. Em vez disso, escreva um ensaio contínuo, no mesmo estilo, sobre os mesmos temas, que eu publico!

Pus imediatamente mãos à obra. Dessa vez eu sabia aonde ia, aonde já havia chegado, graças a essa coletânea de aforismos, aonde deveria levar o leitor agora... Isso resultou em *Le mythe d'Icare* [O mito de Ícaro] e *Vivre* [Viver], em outras palavras, os dois volumes do meu *Traité du désespoir et de la béatitude* [Tratado do desespero e da beatitude], cujo manuscrito só enviaria a Roland Jaccard, promessa que fiz a mim mesmo, e ele não teve dificuldade, dessa vez, de convencer a PUF. Quanto a isso, eu não estava preocupado. Sabia que havia progredido muito naquele ínterim, e que, de qualquer modo, aquele *tratado* encontraria um editor. Mas fiquei contente por ter sido a PUF, em vez desta ou daquela editora mais comercial, e na coleção de Roland, que tinha se tornado um amigo, e não na de um desconhecido. Os dois volumes foram publicados assim que concluídos, o primeiro em 1984, o segundo em 1988. Ou seja, para mim, lembrando que eu dava aula em período integral, sete anos de trabalho. Não dá para passar a vida toda escrevendo aforismos...

Quanto ao conteúdo, não há nada nessa obra de juventude que eu deva absolutamente renegar. O materialismo e o racionalismo que ela mostra, não às vezes sem certa arrogância, continuaram sendo minha base de granito. Os mestres que ela invoca (Epicuro, Espinosa, Marx, Freud), continuo a admirá-los, e a segui-los com frequência. Restava conciliá-los, o que não era óbvio, e por isso era o mais difícil, pensar conjuntamente a natureza e a história, o real e o imaginário, a verdade e o sentido – estes fazendo parte, evidentemente, daqueles. Era pôr o homem em seu devido lugar (na natureza), sem renunciar à humanidade (como cultura,

como valor, como virtude). Compreende-se por que Epicuro e Espinosa me serviam de ponto de partida, e por que, seguindo esse caminho, eu não podia escapar de Montaigne.
   O desafio principal tinha a ver com a ética. Esta, que hoje parece na moda, era tida então por caduca. A moral? Não passava de uma velha mania. A sabedoria? Ninguém mais, entre os intelectuais na moda, falava dela. A própria palavra parecia ter desaparecido do vocabulário contemporâneo. Era separar a filosofia do seu objetivo, da sua tradição, do seu sentido. Eu havia lido demais os gregos e Espinosa para aceitar tal coisa. Se se trata apenas de jogar com os conceitos, para quê? Comentar, analisar, criticar, "desconstruir"? É uma parte do trabalho, mas que não pode bastar. Demasiados livros sobre livros, eu me dizia, demasiados discursos sobre discursos! Isso redundava numa filosofia de segundo ou de terceiro grau, cada vez mais sofisticada – se não sofística – e vã. Havia então grandes historiadores da filosofia (Gueroult, Goldschmidt, Philonenko...), porém muito mais críticos, ensaístas, comentadores. Muito talento em alguns e muita conversa fiada em quase todos. Eu pensava em Montaigne: "Tantas palavras apenas pelas palavras!" Isso fazia sonhar com silêncio ou sabedoria. A vida me interessava mais que os livros; a filosofia, mais que sua história. Eu queria filosofar no primeiro grau. Era voltar aos gregos e ao presente, contra a moda e os historiadores.
   Uma sabedoria para o nosso tempo, eis o que eu buscava e que devia evidentemente incluir uma moral. Duplo arcaísmo, na opinião de meus amigos. Dupla necessidade, para mim. Eu já não suportava minha época. Covardia demais. Complacência demais para com a tolice, o exibicionismo, a vulgaridade. Esnobismo e incultura demais. Inércia demais. Consciência tranquila ou má-fé demais. Era contra isso que eu escrevia, e não importa que me considerassem

ingênuo ou ridículo! Eu tentava escapar ao niilismo e à sofística, que me pareciam ameaçar a vida intelectual daqueles anos, ou mais simplesmente à apatia, que ameaçava a vida propriamente dita, ou a ideia que eu tinha dela. Era verdade principalmente "à esquerda", me parecia, quero dizer na esquerda intelectual, e é por isso que eu me sentia particularmente sensível a tudo isso. Parecia-me que nosso pensamento, pela genealogia ou pela desconstrução que ele operava (Nietzsche, Marx, Freud e o resto), vinha minar as próprias bases que justificavam nossos compromissos, nossas opções e até mesmo nossas recusas. Se tudo é determinado (pelo corpo, pela sociedade, pelo inconsciente...), o que criticar nos canalhas e por que se impedir de ser um deles? Se todo valor é relativo, histórico, "ideológico", no sentido marxista do termo, o que pode ele valer? Se toda moral é ilusória (pelo livre-arbítrio que ela supõe, pela absolutidade que postula), para que ter moral? Mas, se não temos moral, em nome do que nos proibiremos o pior, em nome do que nos obrigaremos, às vezes, a fazer um pouco de bem? Por exemplo (mas era para nós muito mais que um exemplo), por que fazer política e por que esta em vez daquela? Os intelectuais de esquerda com frequência se pretendiam imoralistas – mas eram de esquerda, quase todos, por razões morais! Essa contradição performativa, como diria meu amigo Luc Ferry (que eu ainda não conhecia), me deixava perplexo. Se não vivemos conforme pensamos, para que pensar, e para que viver?

"Meu velho, eu não tenho moral", tinha me declarado alguns anos antes, sem pestanejar, meu melhor amigo da época. Isso, que tinha então me impressionado muito e bem, acabava por me parecer perigoso ou mentiroso. Se ele não tinha moral, como fazia para continuar sendo tão estimado, correto, generoso? Por que combatia o racismo, o fascismo, a injustiça? Apenas por interesse? Nem ele nem eu podíamos acreditar nisso. Por bondade de alma ou de temperamento? Tampouco acreditávamos nisso. Era preciso outra coisa, portanto, que reintroduzisse em nossa vida uma normatividade, uma exigência, mas sem voltar, evidentemente, aos interditos de outrora. Por isso falávamos de "ética" – tínhamos lido Deleuze – em vez de "moral". Essa revolução terminológica nos regozijava. Deve-se dizer que era bem cômoda: permitia-nos ser nietzschianos bonzinhos, democráticos e progressistas, claro (Nietzsche devia se revirar no túmulo!), ou espinosistas bonzinhos, não fazíamos diferença, sem esquecer – abundância de bens não faz mal a ninguém – de ser também marxistas e freudianos... Era diluir o problema, por não poder resolvê-lo.

Não era só a moral. Todo o pensamento estava em jogo, logo toda a filosofia e toda a vida. Se a verdade era apenas uma ficção ou um efeito de discurso, como não paravam de repetir, apenas um artefato ou um artifício, uma tomada efêmera de poder ou de controle, enfim, uma derradeira ilusão de que era preciso se desfazer, para que buscá-la ou submeter-se a ela? O que restava do que Espinosa chamava de "a norma da ideia verdadeira dada"? O que restava das Luzes? Qual a diferença entre um sábio e um ignorante, entre um raciocínio e um delírio, entre um argumento e um sintoma, entre um fato e uma interpretação, entre uma realidade e uma ilusão? E para que, por conseguinte, fazer filosofia? A moda da hora era nietzschiana, muito mais que espinosista, e menos, infelizmente, do lado da *Gaia ciência*, obra-prima radiosa e quase racionalista, do que de *Além do bem e do mal*, "livro maldoso" (a expressão é de Nietzsche), ou dos *Fragmentos póstumos*, que fazem do seu genial autor o maior sofista dos tempos modernos. A verdade? "Uma espécie de erro."[1] A razão? "Uma falsificação útil."[2] A moral? Ressentimento, culpabilização, castração. Quebravam-se ídolos, principalmente judaico-cristãos, em abundância, tanto mais facilmente por eles já estarem derrubados. Era-se imoralista e tinha-se orgulho de sê-lo, revoltado ou revolucionário (Nietzsche, mais uma vez, devia se revirar no túmulo), liberado ou libertário. O super-homem? Ninguém acreditava, ninguém era tão bobo assim. O nietzscheísmo se pretendia de esquerda, igualitário e convivial. "Viver perigosamente?" Teria sido ir longe demais. A maioria se contentava em viver intensamente, gostosamente, confortavelmente... Era maio de 68 que continuava, mas reduzido, cada vez mais, à sua vulgata individualista: "Vivamos sem tempo morto, gozemos sem obstáculos"... Os publicitários adoravam isso, nem é preciso dizer, os jornalistas também, e até os burgueses haviam deixado de ter medo disso. Afinal, o comércio não pode parar.

Foi o que se chamou primeiro de sociedade de consumo, depois sociedade do espetáculo, que era de bom-tom condenar mas sem deixar de participar dela. Eu fazia parte, como todo o mundo, sem poder intelectualmente me satisfazer. Se tudo é espetáculo ou mercadoria, a verdade não passa de um logro; a moral, de uma pose; a filosofia, de uma arte (do espetáculo?) ou uma ilusão. Redescobriam-se os sofistas da Antiguidade. Não se estava longe, contra Sócrates, de dar razão a eles.

No extremo, ou no mais chique, isso se resumia numa dupla fórmula, que ninguém, entre meus amigos, ousava assumir nem rejeitar totalmente, mas que constituía como

---

1. *La volonté de puissance*, II, 308 (trad. fr. G. Bianquis, Gallimard, reed. 1995, col. "Tel"). [*Vontade de potência*, trad. Mário F. dos Santos, Petrópolis, Vozes, 2011.]

2. *La volonté de puissance*, I, 211.

que o horizonte intelectual do momento, que muitos julgavam intransponível e que eu, decididamente, não podia aceitar: *"Tudo está errado! Tudo é permitido!"*[3] Esse triunfo da sofística e do niilismo, inclusive contra Nietzsche, parecia-me assemelhar-se cada vez mais a uma decadência do Ocidente, como se a morte de Deus, com que nos enchiam os ouvidos, devesse acarretar também a da nossa civilização. Era precipitar-se demais, me parecia, e arrastar Nietzsche a um combate que não era o dele. De resto, quanto mais eu o lia, mais me afastava dele – e mais ainda dos nietzscheístas. Viver "além do bem e do mal"? Pensar além do verdadeiro e do falso? Quem poderia? Quem quereria? De minha parte, em todo caso, não estava nem um pouco disposto a isso! Renunciar, a pretexto de ateísmo, à moral e à verdade? Teria sido dar razão demasiado facilmente a Dostoiévski ("Se Deus não existe, tudo é permitido"), à Igreja (que já condenava o "relativismo") ou a Platão; enfim, e sobretudo, aos mentirosos, aos negacionistas e aos canalhas.

Se tudo é falso, eu me dizia, é falso que tudo é falso. A fórmula é evidentemente autorrefutadora, ou antes, ela o seria se não invalidasse de antemão toda tentativa de refutar o que quer que seja... Se não há verdade, não há refutação possível. Muito cômodo para os falsários! Pode-se pensar qualquer coisa, logo já não se pode pensar... Que resta do racionalismo, da liberdade do espírito, do progresso dos conhecimentos? De nada valia combater o obscurantismo! As ciências? Falsidade. As superstições? Falsidade. A sinceridade? Mentira. A mentira? Impossível (já que "não há verda-

---

3. F. Nietzsche, *La volonté de puissance*, III, 108, trad. fr. G. Bianquis, *op. cit.*, t. 2, p. 53. Ver também *ibid.*, § 109: "Nada é verdadeiro, tudo é permitido." Mesma fórmula na *Généalogie de la morale* [*Genealogia da moral*], III, 24, e em *Ainsi parlait Zarathoustra*, IV, "L'ombre" [*Assim falava Zaratustra*, IV, "A sombra"].

de"[4]), mas permitida. O racismo, o assassinato, a tortura? Permitidos também e, aliás, impensáveis (já que não é verdade que existem). Eis-nos livres do duplo fardo – socrático, plebeu ou judeu, como quiserem[5] – da lógica e da moral. Mas o que se ganhou com isso, senão uma mistura de estetismo ("a arte a serviço da ilusão, eis nosso culto"[6]) e de consciência tranquila[7]? Todo pensamento, verdadeiro ou falso, ou antes, nem uma coisa nem outra (já que "nada é verdadeiro"[8]), se dissolve na sofística, assim como a moral no niilismo. Que resta? O grande estilo, para Nietzsche; a conversa fiada, para os outros. Como se resignar a esta? Como se contentar com aquele? "Fazer da sua vida uma obra de arte", dizem. Mas para quê, se a arte não passa de uma mentira um pouco mais refinada? De resto, basta vê-los viver para compreender que essa própria pretensão não passa de mais uma mentira... Pobre Nietzsche, se visse seus discípulos! E pobre Espinosa, que muitas vezes tem os mesmos! Ter pregado o super-homem, ser aplaudido pelas coortes de esnobes democratas e decadentes! Ter preconizado a sabedoria, ser recrutado por aqueles mesmos que a recusam! Que desordem na cabeça! Que confusão nos pensamentos! Espinosa, volte: eles enlouqueceram! Se tudo é falso, eu me perguntava, por que fazemos filosofia? Se tudo é permitido, por que fazemos política, e por que razão não toleramos tudo? Por motivos éticos? Seja. Mas uma ética que justifica que se morra por ela, como fizeram vários heróis

---

4. *La volonté de puissance*, I, 201.
5. Ver por exemplo *Le gai savoir* [*A gaia ciência*], § 348, *La volonté de puissance*, op. cit., I, 63 e 70-71, assim como "Le problème de Socrate" ["O problema de Sócrates"], em *Le crépuscule des idoles* [*O crepúsculo dos ídolos*].
6. *La volonté de puissance*, III, 582.
7. *Généalogie de la morale*, III, 25; *Gai savoir*, 107.
8. *Généalogie de la morale*, III, 24; *La volonté de puissance*, III, 109.

que admiramos, que preconiza o amor e a justiça, como se vê em Espinosa e nas pessoas honestas, há que reconhecer que é mais próxima de uma moral do que de um imoralismo!

Isso vai me parecer mais claro ainda alguns anos depois, quando eu tiver filhos. A primazia do amor se tornará então uma espécie de evidência cotidiana, muitas vezes dolorosa, assim como a de que amar não basta. Será necessário reconhecer que não é proibido proibir e, inclusive, quando se é pai ou mãe de família, que é proibido *não* proibir! Eu ainda não havia chegado a esse ponto. O debate, no entanto, estava longe de ser apenas teórico. Eu não tinha filhos, mas tinha heróis e ódios. Se tudo é falso, já não há lógica; se tudo é permitido, já não há deveres. Teria sido considerar Cavaillès duas vezes errado, Cavaillès que todos nós venerávamos (uma sala tinha seu nome na Sorbonne, outra na Normale Sup), e isentar seus carrascos, que nos repugnavam. A história, aqui, parecia pegar a genealogia no contrapé. E eu não estava disposto a ceder sobre a história, que necessita de verdade (como disciplina intelectual) e de heróis (como tragédia em ato). A lembrança da Resistência, embora indireta para as pessoas da minha geração, ainda era muito viva. Estávamos mais próximos da ocupação do que os jovens de hoje estão de 1968, e o exemplo era muito mais importante e estimulante. Era a nossa mitologia, e ela era verdadeira. Eu procurava tirar alguns ensinamentos dela. O heroísmo dos resistentes, logo também o contraponto do nazismo, constituíam a meus olhos uma experiência crucial. Se tudo é falso, o que reprovar nos negacionistas? Se tudo é permitido, o que reprovar nos nazistas ou nos colaboracionistas? Todos aqueles que, ao contrário, haviam sacrificado a vida por uma certa ideia da França ou do homem, que haviam resistido à tortura, à covardia, à mediocridade ou à ignomínia, e não por interesse mas por uma causa que acreditavam justa, me pareciam confirmar, pelo exemplo, que nem tudo é falso, que nem tudo é permitido, enfim que nem tudo se equivale, e que há ideias que merecem, de fato, que se viva – e às vezes se morra – por elas. Como pensar tudo isso até as últimas consequências? Isso supunha que se reabilitasse a moral e a verdade, sem as confundir, como faz a religião, e sem sacrificar uma pela outra. Nem dogmatismo, portanto, nem sofística. Nem idealismo nem niilismo. Essas duplas recusas desenhavam como que um divisor de águas, ainda indistinto, pelo qual eu tentava avançar.

Solitariamente? Não totalmente. Eu me apoiava no que podia: Epicuro, Platão ou Protágoras; Pascal, contra Descartes ou Leibniz; Marx, contra Hegel ou Kant (às vezes também contra ele próprio); Freud, contra Sartre (e às vezes contra os psicanalistas); Cavaillès, mais que Husserl ou Heidegger; Althusser e Lévi-Strauss, em vez de Foucault ou Derrida; enfim, Espinosa contra Nietzsche, e Montaigne contra todos. Eu me sentia bastante só entre os vivos, principalmente os da minha geração, sem me reconhecer em absoluto entre os mortos. Retorno aos antigos? Era uma parte do caminho, mas não seu fim. Tratava-se de avançar, e só se pode fazê-lo no presente. A grande época do estruturalismo, e até do "pós-estruturalismo", como dizem os anglo-saxões, estava terminando. Eu percebia muito bem seus limites para chorar por ele, sem com isso querer, na medida do possível, esquecer suas lições. Opor a genealogia à religião, a filosofia à moral, destruir os ídolos (a começar pelo Verdadeiro e pelo Bem), fazer a arqueologia de nossos saberes, ou supostos saberes, interpretar, desmascarar, denunciar, desconstruir? Nossos mestres já haviam feito isso, e muitas vezes bem. Eu queria antes reconstruir e encontrar, se pudesse, razões de viver e de lutar.

Daí o tom deste livro, que hoje chego a achar meio grandiloquente ou moralizador. É que eu era muito jovem, já disse, mas também meus adversários não eram os mesmos de hoje. Era um outro século, que não acabava de acabar. Os bons sentimentos ou o "politicamente correto" ameaçavam menos então do que as bobagens libertárias ou sessenta-e-oitistas (porém cada vez mais diluídas no consumismo), quando não o cinismo, no mau sentido do termo, o carreirismo ou a baixeza. Era o início do que será chamado mais tarde de anos "grana e paetês", que triunfarão sob Mitterand e marcarão seu fracasso. Minhas preferências naturalmente arcaizantes, tanto na arte ou na filosofia como na política, me preservavam disso. Eu me lembrava de uma bela fórmula de Gide, cujo *Nourritures terrestres* [*Frutos da terra*] havia deslumbrado minha adolescência: "*É preciso seguir sua inclinação, mas subindo.*" Foi o que tratei de fazer. Para tanto, era preciso rejeitar a sofística ("Tudo é falso") e o niilismo ("Tudo é permitido"), sem cair com isso na religião, no idealismo ou no dogmatismo, mesmo que fosse marxista. Foi esse divisor de águas que chamei de *materialismo ascendente*, voltarei a isso, cuja realidade histórica e cuja perene necessidade meus quatro "autores angulares", como se diz das pedras de um edifício, bastavam para atestar, pelo menos era o que eu queria mostrar. Se não há verdade, o epicurismo, o espinosismo, o marxismo e a psicanálise vêm abaixo: não passam de simulacros, ilusões, ideologias ou sintomas. E, se não há moral, ou se ela não vale nada, esses mesmos pensamentos se tornam indiferentes ou vãos. Para que recusar a indignidade, como fazia Epicuro? Para que combater a barbárie, a injustiça ou o ódio, como fizeram Espinosa, Marx e Freud, cada qual a seu modo, e como nos convidam, ainda hoje, a fazer?

Foi de onde eu parti. Os primeiros aforismos, cronologicamente, referiam-se à arte e à ética. As questões metafísicas só vieram mais tarde, quando foi preciso verificar que a rejeição do niilismo e da sofística (ou, na arte, do vale-tudo) podia se dar sem renunciar ao materialismo, em outras palavras, sem recorrer a nenhum tipo de transcendência ou religiosidade.

Eu tropeçava, de início sem perceber, em várias dificuldades.

Algumas delas, sobre as quais não me detive muito, eram do âmbito da epistemologia, da teoria do conhecimento ou da metafilosofia. Como combater a sofística sem cair no dogmatismo? Como seguir ao mesmo tempo Espinosa (que me parecia ter razão sobre a verdade), Pascal (que me parecia mais pertinente sobre as ciências) e Montaigne (que me parecia mais lúcido sobre a filosofia)? Era como um triângulo paradoxal, e três razões diferentes para rejeitar a sofística. Mas eram compatíveis? Como articular a eternidade do verdadeiro, a historicidade dos conhecimentos e a subjetividade das doutrinas? Como pensar juntos, mas sem os confundir, o ponto de vista de Deus, o dos cientistas e o dos filósofos? Isso só será esclarecido com a leitura, alguns anos depois, de Hume, Frege e Karl Popper.

Outras dificuldades, que me apaixonavam mais, referiam-se aos valores. Como distinguir o *relativismo* (que eu fazia meu) do *niilismo* (que eu combatia)? Como pensar um absoluto prático (aquilo a que nos aferramos absolutamente, aquilo por que estaríamos dispostos a morrer, se preciso), sem fazer dele um absoluto teórico ou ontológico, que existiria independentemente de nós? Como conciliar o racionalismo, se ele supõe uma verdade objetiva, e o materialismo, que só conhece valores subjetivos? Como pensar ao mesmo tempo a eternidade do verdadeiro e a historicidade de nossos juízos? Como compreender que o desejo é a "própria essência do homem" (Espinosa), de que depende todo valor, sem renunciar à ideia de uma verdade absoluta (objetiva, eterna, universal), que não depende de nada ou só dela mesma? Tateei por muito tempo. Depois, pouco a pouco, passo a passo, o essencial veio à luz: eu estava, sem ter previsto, sem me dar conta imediatamente, realizando uma disjunção radical entre o *valor*, que é do âmbito do desejo e depende dele, e a *verdade*, que é do âmbito do conhecimento mas não depende dela. É o que chamarei um pouco mais tarde de cinismo, dessa vez no bom sentido do termo (por exemplo, a propósito de Diógenes e de Maquiavel), de trágico ou de relativismo. Emprestarei de Espinosa várias formulações a respeito, mas esse tipo de pensamento me parece igualmente essencial a todo materialismo radical, a partir do momento em que este último renuncia – caso contrário não seria radical – às ilusões de uma natureza boa ou de uma moral natural. O cínico, direi mais tarde, é aquele que disjunge as ordens: não se iluda nem sobre a verdade, que ele sabe não ter valor intrínseco, nem sobre o valor, que ele sabe não ter verdade objetiva; mas não renuncia nem a uma nem ao outro. Recusa-se a confundir seus desejos com a realidade, como fazem os idealistas, mas também a ceder sobre a realidade dos seus desejos, como fazem os niilistas. Isso desemboca numa ética da lucidez e da ação. O verdadeiro não é o bem; o bem não é o verdadeiro; não é razão para renunciar nem a um nem a outro (sofística, niilismo), nem tampouco para confundi-los (idealismo, dogmatismo prático). Isso me trazia de volta a Pascal e à sua distinção das ordens, mas já sem Deus para reconciliá-las. Restava articulá-las, já que é preciso viver, mas sem abolir o hiato que as separa e nos dilacera. "A verdade fora da caridade não é Deus", dizia Pascal. Nem por isso ela é menos verdadeira, eu me dizia, nem o amor menos amável. É o que condena o ateísmo ao trágico ou à insatisfação. Se o bem e o verdadeiro são dois, como o real não seria decepcionante? A verdade só vale para quem a ama (cabe a nós fazer de sorte que ela valha efetivamente!), mas não necessita valer, nem aliás ser conhecida, para ser verdadeira. Já o valor necessita de nós para existir e para valer: não é de espantar que, no mais das vezes, ele brilhe apenas por sua ausência!

Em termos espinosistas, que são os que eu utilizava na época, isso quer dizer que só há verdade do ponto de vista de Deus ou da Natureza, mas conhecimento e valor (na ordem prática) somente do ponto de vista do homem e da história. É aí que o Deus de Espinosa me era útil, não que eu pudesse acreditar nele então, nem hoje (a natureza, para mim, não é de modo algum "coisa pensante"), mas porque ele me esclarecia, por diferença, sobre a nossa humanidade, que pensa, decerto, mas não é Deus.

Se deixamos de lado, por ser mais do âmbito da epistemologia do que da ética, a diferença entre o *conhecimento* (sempre histórico, relativo, particular) e a *verdade* (sempre eterna, absoluta, universal), o essencial operava na disjunção entre o *valor* e a *verdade*.

Parecia-me evidente que uma verdade não depende de nós: que a Terra gira atualmente em torno do Sol, que a Bastilha foi tomada no dia 14 de julho de 1789 ou que os três ângulos de um triângulo, num espaço euclidiano, são iguais a dois ângulos retos, é verdade quer eu queira, quer não, e mesmo que não haja ninguém mais para pensar isso. Uma verdade não necessita de "portador", como lerei mais tarde em Frege, nem poderia "durar" mais ou menos tempo, como Espinosa me havia ajudado a compreender: ela é objetiva, eterna, universal, ou não é verdade. Nunca a conhecemos integralmente? É óbvio (a verdade é infinita, o que nenhum conhecimento humano poderia ser). Mas nem por isso é menos verdadeira – já que, senão, não haveria nada que pudéssemos dizer que ignoramos! Entendo por *verdade* o que um Deus onisciente conheceria, se existisse. O fato de ele existir ou não em nada altera, pois, a definição do conceito, nem sua extensão. Como o conhecimento pode criar o verdadeiro? Como a ignorância poderia aboli-lo? Ele tem de existir portanto independentemente de nós. De outro modo não haveria nem verdade nem erro.

Já no caso de um valor, parecia-me, e continua parecendo, que ele só vale *para nós*, como diria um kantiano, ou antes *por nós*, como eu preferiria dizer (de acordo com uma lógica muito mais causal do que transcendental), digamos que proporcional ao desejo que o visa. Imaginemos que toda vida desapareça do universo. Isso não aboliria a verdade do que se desenrola nele. Os fatos continuariam sendo os mesmos (*sub specie temporis*), logo as verdades também (*sub specie aeternitatis*). Mas fatos e verdades já não teriam valor para ninguém – logo já não teriam mais valor nenhum. E a mesma coisa se, subsistindo vida e consciência, elas se tornassem indiferentes a tudo, logo a elas próprias também. A consciência de uma realidade não basta para lhe conferir valor. É preciso também que essa realidade corresponda, ou não, ao desejo de um sujeito. Aqui eu reencontrava Espinosa, no que é para mim o âmago da sua *Ética* e do homem, o escólio da proposição 9 do livro III: não é porque uma coisa é boa que a desejamos, lemos substancialmente, é o contrário, é porque a desejamos que a consideramos boa. É o que chamo de normatividade imanente do desejo. Isso nos condena, em se tratando dos valores, a um "relativismo sem apelação", e é esse também o espírito das nossas ciências humanas (tomo a fórmula emprestada de Lévi-Strauss). Não é o valor de um objeto que governa o desejo; ao contrário, é a potência eficiente do desejo (social e historicamente determinado) que dá valor ao seu objeto. Isso vale tanto em economia quanto em moral. Mesmo Marx, que pretende fundar o valor das mercadorias num dado objetivo (o tempo de trabalho socialmente necessário à sua produção), reconhece isso: nenhum objeto tem valor de troca se não tem um valor de uso, em outras palavras, se não é capaz de satisfazer a uma necessidade ou a um desejo[9]. A justiça ou a paz só valem, do mesmo modo, para os que as desejam. Não há mundo inteligível: não há mais que corpos, desejos, história. Epicuro contra Platão. Espinosa contra Leibniz. Marx contra Kant. Não há valores absolutos, portanto, e é por isso que a palavra "relativismo", pela qual algumas vezes fui criticado, se impõe. Valores universais? Na escala da humanidade, pode acontecer (mas isso só constitui uma particularidade muito vasta), mas somente na medida em que todos os humanos desejem as mesmas coisas. É o que hoje se chama direitos humanos, que são seguramente universalizáveis (de direito) e que devemos fazer que se tornem cada vez mais universais (de fato). Nem por isso eles são menos humanos, nem menos históricos. Como seriam absolutos? Aliás, é por isso que convém lutar por eles (eles só existem à proporção desse combate), contra os que os violam ou os rejeitam, ainda que em nome de outros valores (por exemplo, políticos ou religiosos). Guerra dos deuses? De modo algum. Conflito de valores. É o que Hobbes, que li bem depois de Espinosa, me ajudará a compreender. Se o desejo é a própria essência do homem, o conflito é a própria essência da sociedade: porque nem todos os humanos desejam as mesmas coisas, nem podem normalmente, quando desejam as mesmas, to-

---

9. *O capital*, I, 1: "Nenhum objeto pode ser um valor se não for uma coisa útil [ou, acrescentaria eu, desejável]. Se for inútil [ou se ninguém o desejar], o trabalho que ele encerra é gasto inutilmente e por conseguinte não cria valor" (*Le Capital*, Éditions sociales, 1971, t. I, p. 56).

dos eles possuí-las[10]. Conflitos de posse aqui, conflitos de valores lá. É por isso que sempre paira a ameaça da guerra. É por isso que a democracia é melhor – não é ausência de conflitos, mas sua regulação pacífica. Como os humanos têm desejos diferentes, é normal que seus juízos de valor às vezes os oponham. Vejam por exemplo na política, na arte e até na moral. Os conflitos de valores fazem parte da sua definição, ou dela resultam. Azar dos espíritos dogmáticos ou totalitários. Não há valor em si; não há valores senão para e pela avaliação, que "faz tesouros e joias de todas as coisas avaliadas", como dizia Nietzsche[11].

Tudo isso pode ser resumido em duas proposições, que é preciso considerar juntas mas sobre as quais, como se vê nesta coletânea, só tornarei progressivamente: *toda verdade é objetiva; todo valor é subjetivo*. Daí decorre a dupla e decisiva consequência de que *o valor não é uma verdade* (ele só vale para quem o ama, não para quem o conhece), do mesmo modo que, era o que mais me espantava, *a verdade*, como tal, *não é um valor* (ela só vale, de novo, para quem a ama, mas não se ama a si mesma, porque nesse caso ela seria Deus, nem necessita ser amada para ser verdadeira). Em suma, eu me descobria relativista quanto aos valores, mas certamente não quanto à verdade. É aí que o racionalismo (que necessita da absolutez do verdadeiro) e o materialismo (que recusa qualquer absolutez dos valores) podem e devem se encontrar; e compreende-se por que Espinosa, mais do que qualquer outro filósofo – e mesmo que não seja, a rigor, materialista –, me ajudou a compreen-

---

10. *Léviathan*, I, cap. VI (sobre o desejo e a relatividade dos valores) e XIII (sobre o conflito) [*Leviatã*].
11. *Ainsi parlait Zarathoustra*, I, "De mille et un buts" ["De mil e um fitos"]. A ideia é espinosista (e talvez heraclitiana), antes de ser nietzschiana.

der isso. O desejo é que avalia; a razão é que conhece; e nenhum desejo faz as vezes de conhecimento, assim como nenhuma razão basta para o desejo. Os dois são necessários, portanto é esse cruzamento que faz o homem, ou que o crucifica.

Esquizofrenia? Não necessariamente; porque o desejo, que é racional, como tudo o que existe, pode se tornar igualmente razoável, a partir do momento em que a razão, que não deseja nada, se tornou – para nós, por nós – desejável. Trata-se portanto de articular, na prática, o que não se pode absolutamente unificar na teoria. O verdadeiro e o bem são uma só e mesma coisa somente em Deus, se é que ele existe, e é por isso que, para o ateu, eles não podem se confundir. Nem por isso deixam de existir: o verdadeiro, quer queiramos ou não; o bem, contanto que pelo menos um o deseje ou queira. Absolutez do verdadeiro; relatividade do bem. É o segredo do espinosismo – e do espírito, talvez. A verdade não é um valor; o valor não é uma verdade; isso não impede que se tenha uma teoria verdadeira dos nossos valores, é ao que tendem as ciências humanas, nem que se ame a verdade (que se torna então, mas para nós, não para ela, um valor), é ao que tende a filosofia. Isso contraria os idealistas (que pretendem que o valor é uma verdade: que o correto é correto do mesmo modo que dois e dois são quatro), os sofistas (que pretendem que a verdade não passa de um valor: que dois e dois são quatro do mesmo modo que o correto é correto), enfim os niilistas (que deduzem da subjetividade dos valores, no que têm razão, sua nulidade, a qual no caso só exprime a deles).

Resumo tudo isso bem rapidamente, e mais claramente sem dúvida do que podia pensar na época (a questão só vai se esclarecer totalmente em *Valeur et vérité* [*Valor e verdade*], publicado quinze anos depois). Mas era o nó do problema, que eu tentava, com meus magros meios, desatar. Na época, eu o pensava mais em termos de *absoluto prático*, de *verticalidade* ou de *materialismo ascendente* (donde o papel emblemático de Ícaro, que aparece no fim da coletânea e dará seu título ao livro seguinte). Tratava-se de compreender como o materialismo "explica o superior pelo inferior", de acordo com a fórmula bem conhecida e corretíssima de Auguste Comte, mas para pensar um movimento real que vai no sentido inverso – que gera o *mais alto* (os valores, o sentido, a civilização: o espírito) a partir do *mais baixo* (o corpo, o inconsciente, a economia: a matéria). Descida teórica ("a verdade está no fundo do abismo", dizia Demócrito), ascensão prática ("é da terra ao céu que se sobe aqui", escrevia Marx). Esse duplo movimento, que não é de modo algum contraditório, me parecia, e me parece ainda, o segredo do materialismo filosófico. É o contrário da religião. Se tudo vem de Deus, tudo necessariamente desce. Ao contrário, se tudo parte do mais baixo (a matéria sem vida, sem consciência, sem valor), tudo necessariamente se eleva. Darwin, Marx e Freud, a luta é a mesma! O homem não descende do macaco; ascende a partir dele.

Compreende-se por que os conceitos de progresso, de sublimação ou de elevação são essenciais ao materialismo e por que este é menos uma teoria da matéria (a física basta para tal) do que uma teoria do espírito. Trata-se de pensar uma verticalidade sem transcendência, e esse era, pelo que posso julgar retrospectivamente, o motivo principal desta coletânea.

Quanto às fraquezas, que são muitas, às vezes são de forma, mas também concernem, mais do que eu teria acreditado antes de reler o conjunto, ao próprio fundo do pensamento. Por exemplo, eu deveria ter distinguido mais a noção de *absoluto prático*, que é do âmbito da moral, da noção de um *absoluto teórico ou contemplativo*, que se situa além do bem e do mal e é do âmbito da metafísica ou da espiritualidade. Sobre o desespero, que eu considerava então, salvo exceção, em seu sentido corrente ou espinosista, logo pejorativo, sobre o desejo, em que eu não distinguia suficientemente a *falta* e a *potência*, sobre a sabedoria, que eu levava exageradamente a sério, sobre a religião, com a qual eu era mais severo do que hoje, sobre o amor (eu ainda não tinha filhos: a paixão amorosa me parecia sua forma mais elevada), sobre Pascal (que eu acreditava poder refutar!), sobre a política, sobre a moral, sobre a própria arte, eu hoje teria muito a retificar. Mas não é papel do prefaciador reescrever o livro que apresenta, mesmo que tenha sido ele, trinta anos antes, seu autor... Por isso não acrescentei nada, salvo um índice analítico, e quase não corrigi nada: limitei-me a suprimir algumas raras passagens que me pareciam decididamente canhestras demais ou íntimas demais, algumas fórmulas inutilmente agressivas ou ferinas (especialmente contra a religião), alguns grifos, de que os autores principiantes quase sempre abusam, algumas vírgulas, algumas repetições, alguma prolixidade, algumas notas de rodapé... O resto, isto é, o essencial, ficou quase intocado. O leitor julgará, e perdoará talvez, o prefaciador pelas imperfeições do autor, de que ele tem plena consciência.

Quando os aforismos começaram a se avolumar, ao fim de um ou dois anos, pus-me a pensar numa possível e improvável publicação. Era necessária uma organização, que não existia de início (eu não tinha "projeto") e que tive de efetuar *a posteriori*, segundo critérios temáticos, a julgar pela releitura, em vez de lógicos ou pedagógicos. O fato é que o manuscrito, em seu estado último, se organiza em doze seções, sem título, mas cujas epígrafes esclarecem mais ou menos seu objeto ou sua inspiração. Claro, mantive-as tais quais, às vezes não sem alguma perplexidade quanto à classificação que elas propõem. As três primeiras, relendo-as e sem que eu hoje possa distingui-las claramente, parecem-me principalmente fazer as vezes de introdução. Muito se desenrola em torno das noções de admiração, de criação, de sublimação, de ascensão... Tratava-se de subir a ladeira... As outras seções são muito mais tematizadas. A quarta trata do belo e da arte. A quinta, da religião e do ateísmo. A sexta, da sociedade, da política, da democracia. A sétima, do eu ou da alma (nem um nem outro, é isso que possibilita pensá-los juntos, tem existência substancial). A oitava trata da liberdade: encontramos aí ao mesmo tempo uma crítica ao livre-arbítrio, ainda muito embrionária, e uma apologia da vontade, que hoje acho bastante voluntarista. A vida e Montaigne me curarão disso. A nona seção trata principalmente do materialismo e de Espinosa. A décima, da morte, da história, da eternidade. A décima primeira, em que se fala muito de Epicuro, trata do valor e da verdade, do alto e do baixo, do absoluto e do relativo. Enfim, a décima segunda seção trata deste livro mesmo, do qual constitui uma espécie de conclusão ou de epílogo.

Um balanço? Não sou o mais bem situado para fazê-lo. Deixo este livro com mais alívio do que nostalgia, enxergando no entanto muito bem o que lhe devo: suas próprias fraquezas me ajudaram a avançar, ou me obrigaram a isso, mas numa direção que no essencial ele já indicava e que continuou sendo a mesma. É uma filosofia em estado nascente, mas é a minha. Claro, não é que eu não tenha mudado! Hoje tendo a reler mais Lucrécio do que Epicuro, mais Popper do que Marx – e, às vezes, mais o Eclesiastes do que Espinosa. É que sou menos epicurista, marxista ou espinosista do que era então, menos dogmático também, mais aberto à dúvida, ao trágico, à fragilidade de viver e de pensar. Montaigne passou por aqui, e Hume, e Pascal (que não para de passar), e o sofrimento... Não deixo de reconhecer, nestas páginas que vocês vão ler e que já não lerei, algo que, ainda hoje, e apesar da sua imperfeição, me comove: um misto de entusiasmo e de fragilidade, como que uma candura filosofante, como que um frescor dos primeiros tempos. Afinal, a juventude tem de passar, e passou.

Do Corpo

"A alma e o espírito são uma única e mesma coisa."
Espinosa

Preâmbulo

> *"Minhas fantasias se seguem, mas às vezes de longe, e se olham, mas com um olhar oblíquo... É o indiligente leitor que perde meu tema, não eu. Meu livro é sempre uno."*
>
> MONTAIGNE

Este não é um livro sem ordem. É um livro sem continuidade. Suprimi, não o vínculo entre as minhas ideias, mas as ligações. O que elas acrescentariam às ideias senão parolagem, e para você, leitor, senão o tédio? Duas ideias verdadeiras não necessitam de transição entre elas. Duas ideias falsas também não.

I

"Dizer que a hora de se entregar à filosofia ainda não chegou ou já passou é dizer que ainda não chegou a hora de ser feliz, ou que ela já não existe."

Epicuro

"A experiência tinha me ensinado que todas as ocorrências mais frequentes da vida comum são vãs e fúteis."

Espinosa

Se Deus existisse, tudo seria permitido, já que tudo teria ou sua recompensa ou seu castigo – caberia a cada um, então, assumir seus riscos. Ao contrário, é porque Deus não existe, portanto porque não há nenhum risco em nada (ou o mesmo exatamente em todas as hipóteses, o que já não é um risco mas uma certeza), que não posso me permitir qualquer coisa. Temos nosso orgulho.

Resumindo: é porque já não temos religião que precisamos absolutamente de uma moral. A palavra desagrada? Digamos: uma *Ética*. E tudo estará dito.

*

O que é a ética? A teoria do bem e do mal. Ora, diz Espinosa, "o conhecimento do bom e do ruim nada mais é que o afeto da alegria ou da tristeza, na medida em que delas temos consciência". A ética, portanto: a teoria da nossa alegria.

Para a alegria dos homens.

*

Boris Vian: "O humor é a polidez do desespero." Que seja. E daí? Não temos nada a ver com os desesperados.

Nem tampouco com a polidez.

*

Desespero: "Perda de uma esperança ou de toda esperança; estado de quem já não tem esperança", diz o dicionário. Quem nunca a teve não seria portanto um desesperado. Feliz, então?

*

Espinosa: "Não há esperança sem temor nem temor sem esperança." A esperança é portanto uma alegria necessariamente mesclada com a tristeza. É por isso que é uma alegria inconstante.
O sábio, portanto, não tem esperança. O que teria a temer?
Isso quer dizer que ele é *desesperado*? De modo algum, já que "o desespero é uma tristeza". Ora, o sábio, "considerado nessa qualidade, não conhece perturbação interior, mas tendo, por uma certa necessidade eterna, consciência de si, de Deus e das coisas, não para de ser e possui o verdadeiro contentamento". A sabedoria é uma alegria sem esperança nem temor. Sem esperança nem desespero: uma alegria sem tristeza – uma alegria sem mescla! Espinosa escreve: beatitude!

*

Espinosa: "Não sabemos o que o corpo pode." No entanto agora sabemos, sim (e os gregos já sabiam): o corpo pode resistir à tortura. O corpo pode se calar. O que o corpo pode? O silêncio. E o vazio da sua morte. Sua própria negação, portanto. Seu contrário. Em outras palavras: sua alma.
O corpo *pode* sua alma.

O problema, então: encontrar valores tais que eu possa pelo menos cogitar, por eles, morrer ou não falar sob tortura. Poderíamos dizer: dar uma alma a meu corpo.

*

Tudo o que é alegre é bom; tudo o que é bom é alegre. A ideia de uma boa tristeza é contraditória em si.
Assim, diz Espinosa, "o amor é uma alegria acompanhada da ideia de uma causa exterior"; logo, o amor é bom.
Compreende-se então que um amor triste é contrário à sua natureza, isto é, já não é exatamente amor, ou misto de ódio (é o caso no ciúme). Não há amor infeliz.

*

O que me incomoda, apesar de tudo, em Espinosa: que todo ódio seja necessariamente uma tristeza. Sei, ao contrário, de ódios tão alegres! Ódios cor de sangue e de luz, saudáveis como uma ventania, imensos como o mar!

E também: que a morte não seja nada, que não se deva nem pensar nela, isso não me convém. Que seja inútil temê-la – tudo bem. Mas como odiar a morte faz amar a vida ainda mais!

E será que você não entende, pergunta Gide, "que cada instante não adquiriria esse brilho admirável a não ser que se destacasse, por assim dizer, contra o fundo escuro da morte?"

É que há um fundo. Escuro, infinitamente.

*

Quem pretende que é preciso um Deus para fundamentar a moral tem uma ideia bem baixa de si mesmo. A religião supõe aqui o desprezo de si que ela recomenda. Por isso ela é desprezível, e crença de homens de joelhos. Ao contrário, escreve Alain, "a moral consiste em saber-se espírito e, como tal, absolutamente obrigado; porque a nobreza assim obriga. Não há na moral nada além do sentimento de dignidade".

É o contrário do aviltamento, da inércia e até da humildade (Espinosa). A moral diz sempre: fique de pé.

Dito isso, mais vale uma religião do que nenhuma espiritualidade. Mais vale viver de joelhos do que deitado.

*

Que a vida seja absurda, é possível. Mas não somente por causa da morte. Uma vida eterna também o seria, e mais ainda: eternamente absurda. E o próprio Deus – por não ser necessário.

Por que existe algo em vez de nada? Pergunta sem resposta, e no entanto legítima. Ser é poder não ter sido. Mesmo a necessidade, considerada em bloco, é contingente: ser é ser absurdo. Deus, absurdo tanto quanto eu. E menos real (menos absurdo nisso, também).

De resto, essa absurdidade só existe na medida em que se imagine um nada, que não existe. Por isso mesmo a contingência é necessária. Todo absurdo é imaginário.

*

Simone Weil: "Duas forças reinam sobre o universo: luz e gravidade."

Não. Uma só força, mas contraditória. A luz também é gravidade. É por isso que a gravidade pode se tornar luz. É por isso que *eu* sou luz. E solidão. Na noite que pesa, nada à minha frente ilumina, salvo a luz dos olhares – o seu, o dele, o meu... Nada à frente, tudo está atrás. Eu sou (também: você é) a ponta extrema da ascensão luminosa. *Nec plus ultra*: nada além, nem Deus, nem Espírito. Retesado portanto, ascensionalmente, como um sexo ereto – que só parece "escapar da gravidade", como diz Freud, por pressão nele, material, do sangue no desejo do outro.

E não enrubesço com o fato de que, nessa oposição (metáfora? tópico?) arquitetônica do alto e do baixo, nesse uso da ética da verticalidade, cada um possa reconhecer o duplo sublimado da ereção. Se há sublimação, eu (meu corpo) posso portanto ser sublime. É o que se chama de alma: um corpo *sublimado*.

Minha alma, como um sexo retesado: desejo e vontade.

Dir-se-á: falocentrismo, visão masculina... Como seria de outro modo? Mas visão pela qual a mulher é o próprio sublime realizado, ou pode sê-lo.

O amor, quando é compartilhado: duas almas luminosamente retesadas uma em direção à outra. Dois corpos, dois olhares, duas solidões. Eu te amo: és o *nec plus ultra* do meu corpo.

*

O que afinal é um artista, segundo Freud? Um profissional da sublimação. Isso não me desagrada: nem que haja sublime, nem que ele venha do corpo. Materialismo: o alto vem de baixo, o superior do inferior. Isso supõe que exista um alto.

Mas não se deve *reduzir* o superior ao inferior, rebaixá-lo, negá-lo. Contrassenso vulgar; contrassenso da vulgaridade.

Sem gravidade, aliás; Mozart, muito acima disso tudo.

*

Nosso materialismo nos torna humildes: sabemos que nosso ideal não vem de nós.

Mas ele nos torna igualmente orgulhosos: nosso ideal tampouco vem de Deus.

A história é o lugar da nossa humildade, e o horizonte do nosso orgulho.

*

Todo estudo científico do homem é necessariamente anti-humanista. Vejam-se Althusser ou Lévi-Strauss. "O objetivo final das ciências humanas", escreve este último, "não é constituir o homem, mas dissolvê-lo... Essa primeira empreitada lança outras, que incumbem às ciências exatas e naturais: reintegrar a cultura na natureza, e finalmente a vida no conjunto das suas condições físico-químicas."

Já era a ideia de Espinosa: o homem não é "um império no império". Falar de *humanismo* não é necessariamente renegar a cientificidade. Simplesmente: sair dela.

Não tem outro jeito. As ciências não nos dizem como ser felizes, como viver, nem mesmo se devemos cultivar as ciências... Nem por isso elas deixam de ser verdadeiras; mas a filosofia por isso é mais indispensável.

Anti-humanismo teórico, portanto, e humanismo prático: descer, depois subir de novo.

*

Os que jogam com as palavras: é menos difícil que jogar com os pensamentos. Os jogos de palavras são a retórica do espírito. Quando ela é vazia, dá náuseas.

Em compensação, diz Epicuro, "é preciso rir filosofando". O que não é humor, na verdade (a felicidade não é um jogo), mas o próprio prazer de pensar, o qual, "na filosofia, é simultâneo ao conhecimento; não é, de fato, depois da busca que sentimos a alegria, mas durante a própria busca".

Rir filosofando... Esse riso do sábio é o orgasmo da alma, e sua liberdade. Lucrécio: *voluptas, voluntas*.

*

Nec plus ultra? Mozart, porém. E Michelangelo. Sem dúvida, sim, além de mim, infinitamente. Mas eles estão mortos. Ele estão, como se diz, no "além", isto é, no nada. *Nec plus ultra*, portanto: nada além, salvo esse próprio nada do nada.

A lembrança deles, suas obras: ponta extrema, mas em mim, da luz. Como uma estrela morta há séculos, extinta – mas que brilha.

*

Os que não admiram nada, como escapariam do niilismo?

Se tudo se equivale, nada vale. Mas é o que a admiração basta para recusar. Por isso ela é não só "o fundamento de toda filosofia" (Montaigne), mas de toda ética.

II

"Aquele que tivermos guiado até aqui no caminho do amor, depois de ter contemplado as belas coisas numa gradação regular, chegando ao termo supremo, verá de repente uma beleza de natureza maravilhosa..."

PLATÃO

"As mais puras colheitas são semeadas num solo que não existe."

RENÉ CHAR

II

O tempo que, em sua vida inteira, um homem passa gozando; se o somássemos chegaríamos a um dia inteiro? Talvez não. Quantos orgasmos são necessários para fazer vinte e quatro horas?

Isso não quer dizer que a sexualidade não seja algo essencial. Mas que, na sexualidade, o essencial talvez não seja o gozo.

O desejo, mais importante sem dúvida do que o prazer. E não unicamente por sua duração.

*

Os que não creem no amor; é porque são incapazes de amar – indignos portanto do que negam.

"Mas, se não conheceram o amor, é culpa deles?" No mínimo, eles falam do que que não conhecem, e fariam melhor se se calassem. Parecem aquele que, quando lhe falamos de Mozart (ou de Beethoven, ou de quem quisermos), responde: "Não acredito na música!" Problema resolvido: é um ignorante das coisas da música. Sua opinião não tem importância. Ouçamos Mozart.

*

Berlioz sabia das coisas – tanto da música como do amor. Ele fala com conhecimento de causa: quando escreve isto (a última página das suas *Mémoires* [*Memórias*]), faz quarenta e nove anos que compõe música, e cinquenta anos que ama (sem sucesso, mas não em vão) a mesma pessoa – Estelle, que ele chama de Stella, uma senhora então com sessenta e sete anos:

> "Qual das duas forças pode elevar o homem às mais sublimes alturas, o amor ou a música? É um grande problema. No entanto, parece-me que deveríamos dizer o seguinte: o amor não pode dar uma ideia da música, a música pode dar uma ideia do amor... Por que separar uma do outro? São as duas asas da alma.
> Vendo de que modo certas pessoas entendem o amor e o que buscam nas criações da arte, penso sempre involuntariamente nos porcos que, com seu focinho ignóbil, fuçam a terra entre as mais lindas flores e aos pés dos grandes carvalhos, na esperança de encontrar as trufas que tanto apreciam...
> Stella! Stella! Eu poderia morrer agora sem amargor e sem cólera."[1]

Que importa se os porcos de hoje negam a existência das grandes árvores? Bem sabemos que Berlioz é um carvalho. Somos capazes de *levantar a cabeça*: para ver acima de nós.

*

Importante formulação de René Char: "Obedeça a seus porcos, que existem; eu me submeto a meus deuses, que

---

[1]. Berlioz escreveu isso no dia 1º de janeiro de 1865, aos sessenta e dois anos. No mesmo ano, reviu Estelle em Genebra e a pediu em casamento. Ela não aceitou. Ele morreu em 1869.

não existem." São os únicos deuses que valem – os dos ateus. Os outros não passam de ídolos... ou de porcos.

*

Podemos conservar do platonismo a "dialética ascendente" do amor, no *Banquete*: subir, por graus, do amor a um belo corpo ao amor a todos, depois do amor aos belos corpos ao amor às belas almas, enfim do amor às almas ao amor ao Belo absoluto. Mas continuar sendo materialista será não esquecer que tudo parte do corpo e que, ao contrário do que pensa Platão, o belo absoluto não é a origem mas o desfecho (sempre recomeçado ou a reconquistar) do processo. Em outras palavras: fazer dessa dialética não mais um simples percurso pedagógico, as fases de uma iniciação, mas o próprio movimento da produção do belo – sua *poíesis*.

O amor é a poesia do belo: aquilo graças ao que o belo advém.

No princípio eram os corpos.

Conservar também a superioridade do amor à alma sobre o amor aos corpos. Não que se deva separar: estar enamorado é amar corpo e alma; mas sentir também que a pessoa amada é mais bela ainda que seu corpo.

"Quando dormes em meus braços", diz o poeta, "posso acariciar longamente tua alma."

*

"O amor não existe." É verdade. É preciso inventá-lo, portanto.

Todo amor é criação, tanto quanto um poema: primeiro recebemos dele, como de um ou dois versos, a iluminação, a misteriosa e surpreendente inspiração. Mas também é questão de vontade, de esforço. Trata-se de fazer ser (paixão) e durar (ação) o que não é.

Amar é um milagre, um dom do céu. Mas também é *querer amar*. Se não, para que se comprometer, prometer ou até sonhar?

Não mais amar não é apenas uma maldição (o inverso do milagre). É um fracasso. É preciso portanto que isso dependa de nós, pelo menos um pouco.

*

O desejo existe; o prazer existe; a fome existe, a sede... E a água e o alimento existem, e o corpo. Mas o vinho não existia: foi preciso inventá-lo. A gastronomia também não existia: é uma arte, uma invenção, uma criação. Do mesmo modo, o amor não existe, nem a alma, mas são criados, dia após dia, como uma luz na noite escura.

A linguagem existe. A poesia, não.

O homem *tem* uma linguagem; ele *faz* poemas.

O homem tem um corpo; ele cria sua alma.

O amor é o poema do corpo. E aqui como lá, diria Valéry, as exigências são preciosas.

*

O amor não existe. A poesia não existe. A alma não existe. Isso quer dizer: o amor, a poesia, a alma... não são dados prontos e acabados. Estão por fazer. Não temos o amor em nós como possuímos um móvel ou dinheiro. A inspiração não vem como um vírus: ninguém fica poeta como fica gripado. Também não temos uma alma, como temos um corpo (não *somos* uma alma como *somos* um corpo). O amor, a poesia, a alma não existem, mas se inventam; e não como o telefone ou a televisão, que, mal são inventados, são objetos. O amor, a poesia, a alma não têm existência objetiva. Por isso sempre podemos negá-los – não ver num poema somente linguagem (no máximo: versificação), no amor somente desejo, na alma somente o corpo. Melhor: todas essas reduções têm sua parte de verdade, que dá razão ao materialismo. Mas o que essas negações exprimem não é o nada do que é negado; é a inaptidão dos que negam. Só há poesia para os leitores-poetas[2]; amor, só para os amantes, ou que o foram; almas...

O amor, a poesia, a alma não existem. Mas os poetas, os homens dotados de grandeza de alma e os amantes, isso existe – nós sabemos!

E Deus? Ele também não existe. Será que também não o negamos como negamos o amor ou a poesia – por incapacidade de amá-lo? Certamente não. Porque o amor e a poesia, assim como a alma, são invenções do homem. Cria-os quem pode. Mas fazer de Deus uma invenção humana (o que de fato pensamos que ele é, e como tal respeitável) é negá-lo como divindade. Deus não pode ser criado. Em consequência: se Deus não existe, não é culpa nossa. Ao passo que se a poesia não existe...

---

2. E mais: no momento em que são poetas! Às vezes releio determinado poema que, por já o ter experimentado, sei que é perturbador pela beleza, sem ver nele nada mais que linhas descontínuas e rimadas de prosa... O poema não mudou; eu é que já não sou poeta, nesse momento. Mesma coisa em música. Às vezes Mozart pode nos parecer indiferente, banal, chato. É que já não estamos à sua altura. Ele passa acima de nós. É que voltamos a cair abaixo.

Assim, o místico é um poeta pelo avesso: ele agradece a seu canto por tê-lo criado!

O poeta, ao contrário, é um místico pelo direito: ele *crê* no que *faz*. Sua fé é sua criação.

No princípio era a página em branco.

E o imenso caos da linguagem.

*

A vida vale a pena ser vivida? Depende é claro do que vivemos, em primeiro lugar de *quem* frequentamos... Quem responde com a negativa é porque frequenta quem não deveria!

Mas cada um de vocês, meus amigos, por si só, me impediria qualquer pesar. Minha vida vale a pena ser vivida, porque vocês valem a pena ou o prazer de ser conhecidos. Vocês merecem a viagem...

Isso vale *a fortiori* quando estamos apaixonados. A questão do sentido da vida, então, já não se coloca. É que o outro, sem dizer nada, constitui uma resposta suficiente.

*

III

"A admiração é fundamento de toda filosofia."

MONTAIGNE

"A admiração é um vinho generoso para os espíritos nobres."

RODIN

Gosto desta frase de Montaigne: "a admiração é fundamento de toda filosofia". Sei que ele não lhe dava o mesmo significado que nós. Mas também gosto do deslizamento de sentido que fez o *espanto* tornar-se *admiração*. Nada espanta tanto quanto a grandeza.

*

Rodin tem razão: a admiração e a nobreza de espírito andam juntas. Quem quer subir precisa primeiro levantar a cabeça. Todo desprezo nos leva para baixo. O carvalho, para crescer, não precisa desprezar o porco. Basta-lhe admirar o sol.
Por mais baixo que alguém seja, sempre encontra um porco para desprezar. Mas, se alguém desce baixo demais, já não vê o céu. É essa a maior miséria, que é preciso evitar a qualquer preço: cair tão baixo que já não se possa admirar o que é alto. Isso, essa baixeza, essa ignomínia é o verdadeiro inferno. Mesmo que os porcos, às vezes, sejam mais felizes que os carvalhos.

*

Bela frase de John Stuart Mill: "É melhor ser Sócrates insatisfeito do que um porco satisfeito; é melhor ser Sócrates insatisfeito do que um imbecil satisfeito. E, se o imbecil ou o porco são de opinião diferente, é porque só conhecem um lado da questão: o deles. A outra parte, para fazer a comparação, conhece os dois lados."

A lucidez e a exigência andam juntas, assim como a baixeza e a cegueira.

*

Não é indiferente que Shakespeare tenha de fato existido ou não. Pois, se um homem assim foi real, é porque era possível. Logo: continua sendo.

E depois podemos sonhar com ele, como se fosse um amigo morto que não tenhamos conhecido.

É por isso que Berlioz é tão comovente quando escreve em suas *Mémoires* (quando da morte de sua mulher, a atriz Miss Smithson, que ele viu pela primeira vez no palco de um teatro, no papel de Ofélia):

"Shakespeare! Shakespeare! Onde está ele? Onde estás? Parece-me que somente ele entre os seres inteligentes pode me compreender e deve ter compreendido nós dois; somente ele pode ter tido piedade de nós, pobres artistas que se amavam e dilacerados um pelo outro. Shakespeare! Shakespeare! Deves ter sido humano; se ainda existes deves acolher os miseráveis! És tu nosso pai, tu que estás no céu, se é que há céu.

Deus é estúpido e atroz em sua indiferença infinita; tu somente és o Deus bom para as almas de artistas; recebe-nos em teu seio, pai, abraça-nos! *De profundis ad te clamo.* A morte, o nada, o que é isso? A imortalidade do gênio!... *What?... O fool! fool! fool!...*

Shakespeare! Shakespeare! Sinto voltar a inundação, soçobro na tristeza, e ainda te busco... *Father! Father! Where are you?*"

E, mais à frente, na última página das suas *Mémoires*, a propósito de Stella:

"Tenho de me consolar de ela ter me conhecido tarde demais, como me consolo de não ter conhecido Virgílio, de quem teria gostado tanto, ou Gluck, ou Beethoven... ou Shakespeare... que talvez tivesse gostado de mim. (É verdade que não me consolo disso.)"

Se isso é elitismo – sejamos elitistas! O fato de não sermos Berlioz não altera nada, ou somente a humildade maior. O que conta é que Berlioz, como Shakespeare, como Virgílio, existiu.

Temos necessidade de admirar.

*

Paradoxo: Espinosa rejeita a humildade (é uma tristeza), ao mesmo tempo que nos inspira – por sua absoluta altura. Deus sabe no entanto que ele não nos entristece!

É que há duas humildades. Uma, triste: baixar a cabeça. A outra, alegre: erguer a cabeça, para ver acima de nós. Descer ou subir. A minhoca ou o pássaro. (Saint-John Perse: "De todos os animais que não pararam de habitar o homem como uma arca viva, o pássaro, de longos pios, por sua incitação ao voo, foi o único a dotar o homem de uma nova audácia.") Felizes somente os humildes que sobem!

A boa humildade: não baixar a cabeça (de que serve contemplar os próprios pés?), mas ao contrário erguê-la: para ver acima de si. Não se rebaixar (devemos fugir de todo movimento para baixo), mas sentir-se infinitamente longe do que é alto. A boa humildade? O tormento de não ser Mozart. É preciso fazer desse tormento uma alegria. Nós o chamaremos: *veneração*. Assim, veneramos Mozart. E Espinosa. E Michelangelo.

*

Rodin: "Amai devotamente os mestres que vos precederam. Prosternai-vos diante de Fídias e de Michelangelo. A admiração é um vinho generoso para os espíritos nobres."
Temos o vinho alegre: seremos humildes sem ser tristes!

*

O principal mérito que conferimos à matemática e às ciências exatas – sua objetividade – também limita seu interesse. Já que só sou capaz de fazer a matemática de todo o mundo, esta nunca me diz respeito pessoalmente. Mesmo o matemático genial, no instante em que demonstra um novo teorema, não faz mais que aumentar o saber de todos. Ele transforma não o curso da ciência (outro, mais tarde, teria feito a mesma descoberta), mas a rapidez do seu andamento. O gênio científico é um atalho: ele faz ganhar tempo. Mesmo que Einstein tivesse nascido morto, teríamos sabido, só que mais tarde, que $E = mc^2$. As bombas atômicas não teriam deixado de existir, mais dia menos dia... Imaginem ao contrário um mundo sem Mozart, sem Espinosa, sem Michelangelo... A perda teria sido irreparável. Nunca teríamos tido *A flauta mágica*, nem a *Ética*, nem o *Davi* ou a *Pietà*... Aqui não há atalhos: os gênios artísticos ou filosóficos são sempre desvios, que só levam a eles mesmos. É por isso que há um progresso nas ciências (portanto possibilidade de uma história recorrente), mas não na arte ou na filosofia.

O fato de haver tantas filosofias diferentes quantos filósofos diferentes, pelo que estes são tolamente criticados, não invalida em nada seu pensamento. Ao contrário, é por isso que a filosofia me diz respeito *pessoalmente*: tenho de construir, ainda que lendo os outros, a minha!

"Não se pode aprender nenhuma filosofia", dizia Kant; "só se pode aprender a filosofar." Em outras palavras: se você só gosta de atalhos, não vale a pena viajar!

*

Artista ou geômetra?
Delacroix, em seu diário:

> "Os cientistas, afinal, só fazem encontrar na natureza o que nela existe. A personalidade do cientista está ausente da sua obra; com o artista é bem diferente. É a chancela que ele imprime em sua obra que faz dela uma obra de artista, isto é, de inventor."

Os filósofos são artistas, desse ponto de vista. Eles encontram na natureza o que nela não existe: a sabedoria.

É por isso que a história da filosofia, como a história da arte, é uma sucessão de nomes próprios. Claro, nomes também atravessam a história das ciências, mas não da mesma maneira: todo o mundo sente que seria possível prescindir deles, que os nomes próprios só estão ali para a comodidade da exposição, o desejo louvável, mas extrínseco ao fundo do tema, de dar a César... O mesmo não se dá na história da filosofia. Esta é essencialmente nominativa, e não por acidente ou por delicadeza dos historiadores. O platonismo não teria existido sem Platão, nem a *Ética*, ou nem sequer uma só das suas páginas, sem Espinosa. São criações, e não descobertas. A América não necessitava de Cristóvão Colombo para existir; a física podia prescindir de Newton ou de Einstein; outros teriam vindo... Só do criador não se pode prescindir.

Ou então tem-se de prescindir das suas criações.

Assim, na morte de Schubert – aos trinta e um anos – há um sabor amargo, a sensação para sempre de uma falta, de um vazio, como que de uma chaga aberta, que a morte de Évariste Galois (aos vinte e um anos) não inspira no mesmo grau. Porque, supondo-se que tivesse vivido, Galois teria sabido, sobre a teoria dos grupos, menos que um matemático médio no fim do século XX. Sabemos mais do que ele sobre o que lhe restava a descobrir. Outros fizeram (mais tarde, talvez, mas tão bem quanto) o que ele teria feito. Ninguém nunca saberá o que Schubert teria feito. Ninguém acabará a *Sinfonia inacabada*... E o *Quinteto em dó maior* sempre fará sonhar com essas obras insubstituíveis, únicas, desconhecidas, que nunca virão ao mundo.

Depois de um cientista: outros cientistas.
Depois de um músico: o silêncio.

A filosofia, considerada desse ponto de vista, está mais próxima da arte do que da ciência. A perda de Espinosa, por menos cruelmente prematura que tenha sido (ele tinha quarenta e quatro anos), é tão irreparável quanto a de Schubert ou a de Mozart. Se chamarmos de *arte*, para sermos breves, uma criação subjetiva, a filosofia é uma arte. É a arte da razão.

O paradoxo é que a razão não é subjetiva.

Isso quer dizer que a filosofia não é a razão – como tampouco um quadro é a paisagem que ele revela. Quem um dia pretendeu criar a razão? Como o mundo em relação à arte, a razão preexiste à filosofia. Em ambos os casos, trata-se de exprimir o que existe criando o que não existia. O filósofo e o artista descobrem na natureza o que nela não existia expressando o que nela se encontra. Podemos então (em Schubert, em Chardin, em Espinosa...) falar de verdade. Porque nem toda verdade é científica, como também, aliás, nem toda teoria científica é verdadeira. "Verdade objetiva" não é um pleonasmo; "verdade subjetiva" não é (ou nem sempre é) uma contradição. O belo e o bem só têm existência para um sujeito. Mas podem ser mais ou menos verdadeiros. "Decidi enfim procurar", escreve Espinosa, "se havia algum objeto que fosse *um bem verdadeiro* (*verum bonum*), capaz de se comunicar..." Do mesmo modo, na arte, através das mais elevadas belezas, é uma verdade que se procura ou se desvenda. Ouçam o adágio do *Quinteto em dó maior* de Schubert, com dois violoncelos... É menos realismo do que poesia. "A arte verdadeira", como diz Proust, não é a que copia o real; é a que exprime "a verdadeira vida, a vida enfim descoberta e esclarecida"... A arte verdadeira é a arte verídica.

Não seria possível portanto aplicar à filosofia a famosa definição que Zola dava da arte ("um trecho da criação visto através de um temperamento")? Por que não? Mas com a ressalva de que a razão é um "trecho" singularmente mais vasto que os outros – já que compreende todos eles.

Voltemos ao início.

A uma teoria científica, basta ser verdadeira – e ao leitor, compreendê-la. Não é assim com uma teoria filosófica. Ela ser "verdadeira" em seu detalhe não é indispensável (vejam o epicurismo), e compreendê-la não basta. Por quê? Como dizer... É que não basta compreender um "temperamento". É preciso amá-lo e admirá-lo. Ou não vale a pena: não se compreenderá nada dele.

Quantos por exemplo compreenderam o espinosismo sem nada compreender da filosofia de Espinosa? Também há virtuoses que, no concerto, tocam as notas mas não a música.

*

A filosofia não serve para nada, você diz?
A felicidade também não.

*

– Mas, afinal, na Sorbonne...
– Eu não falei da Sorbonne. Eu disse: *filosofia*.
– É uma profissão...
– Nada disso. Quem constrói sua própria casa não é necessariamente pedreiro profissional. E vice-versa: muitos pedreiros moram numa casa que não construíram. Até sei de alguns que moram em hotel...
– Os filósofos são felizes?
– Depende de quais. Quando construímos nossa casa, dormimos onde podemos, entre as madeiras e a caliça.
– E os que dormem ao relento?
– Esses, se escolheram isso, são amados pelos deuses. Enquanto fizer bom tempo...

– E os próprios deuses?
– Noite serena! É preciso uma casa para a noite, mas a noite não a tem. O que faria dela?

*

Sobre a parte de sorte na vida humana, creio que podemos dizer o seguinte. Quem é infeliz nem sempre o é por sua própria culpa; o destino pode ser o mais forte. Mas quem é feliz o é sempre, pelo menos em parte, graças a si mesmo. A felicidade nunca é dada; ela se faz merecer.

Ser feliz, portanto, não é, ou não é apenas, uma questão de sorte. De vontade? Em parte: ninguém é feliz sem querer ser. É o que há de verdadeiro, e de tonificante, no otimismo de Alain ("O pessimismo é de temperamento; o otimismo, de vontade"). A vontade, todavia, não basta para tanto. É preciso raciocinar também. O sábio, dizia Epicuro, "considera que mais vale má sorte raciocinando bem do que boa sorte raciocinando mal". Razão e vontade: é o que chamo de *filosofia*. Mas não é a razão que quer, nem a vontade que raciocina.

Vê-se que alguns praticam a filosofia e nunca a estudaram. E que outros a ensinam e não a praticam. A filosofia não é uma profissão. Descartes era soldado, Espinosa polia lentes... Meus amigos, para falar como Epicuro, não são meus colegas! Por que se espantar com isso? Um professor de desenho não é necessariamente um artista, e nem todo artista é professor. A vida é que está em jogo; o filósofo tem só a ela como obra. Como Montaigne, ele é menos "fazedor de livros que de qualquer outro trabalho". Dizer que não se pode ser feliz sem filosofar, como fazia Epicuro, não é reservar a felicidade a uma profissão qualquer. É constatar que a felicidade não se recebe mas se fabrica, e que para tanto é preciso razão e vontade. Os filósofos são esses artesãos. Inclusive quando não fazem disso uma profissão.

A filosofia é portanto uma coisa banal? A felicidade também. E bem rara.

*

"Não preciso da filosofia para ser feliz", ele me diz. E ele não é feliz.

Também não é infeliz? De fato, e é por isso que ele diz o que diz. Há uma experiência necessária da infelicidade, sem a qual a filosofia não pode ser concebida. Por isso os deuses, em Epicuro, não precisam ser filósofos: a beatitude lhes é dada logo de início. Mas Epicuro, Lucrécio, Espinosa... sabem o que "infelicidade" quer dizer. Sua felicidade passava por isso.

*

Quem nunca na vida foi absolutamente só não saberá o que é a necessidade da filosofia.

Nem o que é sua força. Porque no mais baixo de tudo, na solidão e no silêncio, no medo e na escuridão, algo resiste luminosamente, algo que já não é o corpo, que já não é o *eu* (eu poderia perfeitamente estar morto), mas que está em mim (Rilke: "só há um caminho; entre em si mesmo"), em meu corpo, e que é tudo: o sentimento tranquilo do ser (portanto também, em certos fins de tarde, a angústia atroz do nada), a aceitação da solidão, a sede renovada do amor, certa lentidão do tempo, ou vacuidade, que dá à própria morte um gosto de indiferença ou de paz... O desespero então se torna leve, tão leve que no fundo é bem próximo da alegria. E outros dias, a impossibilidade, acredita-se, de viver. E o único socorro, nesses momentos, de um livro, de um disco ou de uma caneta...

"É preciso trabalhar", dizia Beaudelaire, "se não por gosto, por desespero." Conheço poucas frases tão salutares quanto essa. Mas ela é falsa. Porque o desespero, para quem o merece, pouco resiste ao trabalho. Rapidamente, não sobra mais que o *gosto*. Ora, esse gosto, essa sede são de altitude. Os caminhos são diversos. Os poetas escrevem poemas, os filósofos releem Espinosa, outros ouvem Mozart ou Bach... Felizes então os amantes juntos! Mas enfim trata-se de subir. Essa força, ascendente, essa tensão do corpo que é a própria alma está no cerne da filosofia. Está no cerne da arte. Está no cerne do amor verdadeiro. No entanto pode-se viver cem anos sem a sentir. Ela só existe no fundo de nós. Mas antes é preciso entrar nela. Ela é o preço da solidão.

*

Não ser feliz não é necessariamente ser infeliz. Mas uma vida "nem feliz nem infeliz", no fim das contas, é uma vida perdida. Daí, salvo exceção, a tristeza dos velhos.

O amor, a arte, a filosofia... tudo isso serve para nos tornarmos excepcionais. Mas, de todas as exceções, a que conta é a felicidade. "E isso deve ser mesmo árduo", escreve Espinosa, "tanto que raramente é encontrado. Se a salvação estivesse à mão e se pudéssemos alcançá-la sem grande dificuldade, como seria possível que ela fosse negligenciada por quase todos?"

*

A felicidade: amar a si mesmo sem se mentir. Sem precisar se mentir. Toda a moral está nisso. E toda a filosofia.

A sabedoria: o amor à verdade.

Vemos por que sabedoria e felicidade andam juntas, sem se confundir.

*

IV

"As coisas consideradas em si ou em sua relação com Deus não são bonitas nem feias."

Espinosa

"O principal neste mundo é manter sua alma numa região alta... O culto da Arte dá orgulho; orgulho nunca é demais."

Flaubert

Que cada instante da sua vida seja como um quadro de Vermeer – eterno.
É um sonho, sabemos disso. Melhor dizendo, não: é arte.

*

A estética é a ética *sub specie aeternitatis*. Ou a ética, a estética no cotidiano. O que não é estetismo moral (reduzir o bem a uma questão de gosto), mas, ao contrário, a extensão ao belo da exigência ética. Godard disse: "Um *travelling* também é uma questão de moral." É por isso que o cinema é uma arte, ou pode ser.

*

Simone Weil: "O belo é a prova experimental de que a encarnação é possível. Por conseguinte, toda arte de primeira ordem é por essência religiosa. Uma melodia gregoriana testemunha tanto quanto a morte de um mártir."
Poderíamos igualmente dizer o inverso: o belo é a prova experimental de que a *espiritualização* é possível. Por conseguinte, toda arte de primeira ordem é por essência huma-

nista. Uma melodia gregoriana testemunha tanto quanto a morte de um herói (os da Resistência, por exemplo). Dizemos "humanista" na falta de uma palavra melhor. Amar, não o homem, mas o que vai além dele.

*

Nos piores momentos de angústia ou de tristeza, nas fases de desgosto total e de extrema lassidão, quando náuseas de desespero oprimem nosso peito, quando gostaríamos de chorar ou de vomitar, ler uma frase bem construída, sólida, limpa, verdadeira faz bem, como uma lufada de ar puro, uma bofetada de vento. Uma frase, uma só, e já nos sentimos melhor! O estilo é tônico. E Flaubert, por exemplo, ou Rousseau, um antídoto contra a náusea.

Mesma impressão no Louvre; singularmente diante de Poussin.

*

Há alguns meses, um amigo me perguntou que disco eu ouviria no momento derradeiro, se eu resolvesse me suicidar... Eu havia respondido: "A sexta *Suíte para violoncelo solo*, de Bach, primeiro movimento." Não mudei de opinião. Mas, ouvindo-a de novo, parece-me hoje que essa música sempre me salvaria do suicídio: por um algo a mais que há nela de força e de grandeza, de determinação, de coragem, que é a própria vida. Apesar do desespero.

Isso se agrega ao que eu dizia acima do estilo, a propósito de Flaubert, Rousseau ou Poussin. O estilo é coragem. A primeira tentação é a inércia do informe, do mais ou menos ou do de qualquer jeito, a baixeza desesperada-desesperadora. Ou o silêncio. Quando nos desleixamos, escreve-

mos mal; ou não escrevemos. O estilo, ao contrário, é *subir a sua ladeira.*
Toda obra-prima é uma lição de coragem.

*

A última palavra de Pavese, antes do suicídio (as últimas linhas do seu *Diário*):
"Tudo isso me desgosta.
Chega de palavras. Um gesto. Não escreverei mais."
Depois o silêncio. Tudo está ali: o estilo vencido pelo desgosto. Quer dizer que a coragem pode não bastar? Sem dúvida. Mas a covardia basta ainda menos.
A Pavese faltou sorte, mais do que coragem. A quantos faltou coragem, mais do que sorte?

*

Sofisma moderno. Diz-se: "O gênio de Cézanne está em que ele anuncia as formas mais audaciosas [é o que se diz] da arte do século XX." Depois: "A prova de que a arte contemporânea não é pura enganação é que ela estava em germe na obra de Cézanne." Assim tudo se encaixa e a jogada se completa: o presente funda seu valor no passado que ele justifica. Mas, se Cézanne é grande, talvez não o seja no que anuncia, ou não nessa parte da sua mensagem.

Seria igualmente falso gostar de Cézanne pelo que há nele de próximo de Poussin. Recorrente ou prospectiva, aqui toda teleologia é ilusória. Deve-se gostar de Cézanne pelo que ele foi, no presente, e pelo que ele continua sendo – pelo prazer que nos proporciona, pela verdade que nos ensina a ver ou a amar... Gostar dele *sub specie aeternitatis*, mais do que *sub specie historiae*.

Triste século, que sacrifica a arte no altar da sua história!

*

Anedota (verídica).
Em Beaubourg, visita guiada à exposição de Malévitch. Pergunto ao guia, aliás competente e simpático: "Você acha isto bonito?" Ele responde: "Não é esse o problema!"
Ah, bom.

No mesmo dia, com os mesmos, na frente do famosíssimo e sem graça *Quadrado branco sobre fundo branco*. Parece que é genial e heroico. Uma das visitantes interrompe o guia: "Mas você não acha que um *ponto* branco contra um fundo branco não teria sido mais forte ainda, mais genial ainda?"

O guia, animadíssimo: "Sim! Claro! Tem razão! Mas, sabe, mesmo os maiores gênios, mesmo os mais corajosos, há um momento em que, sozinhos diante de si mesmos, diante de sua própria audácia, eles hesitam, depois recuam... Malévitch é isso: o ponto branco sobre fundo branco, ele não teve coragem, ele não ousou!"
Ah, bom.

*

O tempo que levei para descobrir a singularidade dos meus gostos, em arte (há dez anos, preferia Van Gogh e Picasso, como todo o mundo), e para aceitá-la. Isso me faz pensar na descoberta que mais cedo ou mais tarde fazem os homossexuais, segundo o relato que eles próprios fazem (Gide, Green...), da singularidade das suas propensões. *"Não sou como os outros, não sou como os outros..."* É que em todas as coisas a solidão é difícil. Pelo menos a do sexo choca mais os costumes do que o próprio sexo, e o costume mais do que o espírito. Ao passo que, na arte, o espírito, que se pretende universal, choca a si mesmo ao se sentir singular. De que se trata, na realidade? É o espírito que se engana? Ou é a arte que mente, querendo se fazer passar pelo espírito, ou por sua manifestação verídica, quando é apenas sua máscara ou seu despojo?

A não ser que não haja espírito, em lugar nenhum, e que a arte seja apenas o indício dessa ausência, como que a expressão de uma falta, de uma amputação, de uma negatividade? O espírito inteiro talvez não seja mais que essa nostalgia de si, essa capacidade de se sentir ausente. Como quem se imagina morto. O espírito é o que resta.

*

Eles dizem: "O belo é uma questão de gosto; logo, não existe." Curioso raciocínio! Negam a existência do belo porque não têm o gosto necessário para apreciá-lo. É como negar a existência do verdadeiro porque a inteligência não é dada a todos! E esquecem que o gosto, como a inteligência, se educa.

Por que razão, no entanto, o belo é questionado, mais que o verdadeiro? É porque nossos cientistas sabem muito bem que o verdadeiro existe: eles o buscam e o encontram, é sua profissão. Quanto a nossos artistas, será que eles ainda sabem que a beleza existe?

Poderão me objetar: "A beleza não existe em si; é um produto social, cultural, histórico..." Claro. A moral também. Vamos por isso prescindir dela?

Se digo de alguém: "É um canalha", todos entendem o que quero dizer. Se digo de uma tela: "Não é bonita", arregalam os olhos, me tomam por retardado. Na melhor das hipóteses retorquem: "Questão de gosto!"
Justamente. Isso não quer dizer que devamos gostar de toda e qualquer coisa.

Gostar da pintura ruim, de livros ruins, etc., é como ter amigos ruins. Se digo a você: "Seu amigo é um canalha", você vai me responder: "Questão de gosto"?
Nem todas as morais se equivalem. Nem todos os gostos. Nem todos os amigos.

*

Ouvi esta manhã na rádio France-Musique, a propósito de música contemporânea: "A melodia está superada."
Ah, bom.

Música sem melodia, pintura sem desenho, romance sem relato ou sem personagens... Antirromance, antipintura, antimúsica...
Não podemos nos entender. Nós somos *pró*.

*

Há um progresso nas ciências, não nas artes. Qualquer professor de física sabe muito mais do assunto, em nossos dias, do que Galileu ou Newton. Costuma-se comparar esse professor a um anão montado nos ombros de um gigante. Ser menor não o impede de estar mais alto. Por isso ele vê mais longe. Mas isso só é verdade em razão do progresso dos conhecimentos, pelo qual toda ciência passada é uma ciência superada.

Na arte, não há progresso. Quem entende mais de escultura do que Michelangelo? Quem fará melhor que ele? A arte passada é insuperável. Michelangelo não supera Fídias, mas faz outra coisa. Todo artista, anão ou gigante, tem sua altura própria, e só ela. Não dá para subir nos ombros de Michelangelo. Só dá para olhá-lo de longe, sem com isso se pôr à sua altura, e procurar inventar seu próprio caminho, que não seja muito indigno do mestre que se adotou. A admiração substitui o progresso. É sempre a fórmula de Rodin: "Prosternem-se diante de Fídias e diante de Michelangelo... A admiração é um vinho generoso para os espíritos nobres."

Fídias, Michelangelo, Rodin... Tudo está dito em três nomes. E admirar não é imitar.

*

Não há progresso em arte – salvo às vezes, e somente de um ponto de vista técnico, nos primórdios. Uma vez que atinge a maturidade (por exemplo, entre os gregos do século V, ou entre os italianos da Renascença), a arte não avança mais. Ela muda, evolui; não progride. Assim, a noção de *vanguarda artística* é vazia de sentido. O que é a vanguarda de um exército que não avança?

Não há progresso em arte. Mas às vezes: recuos. Decadências, declínios, crises, isso existe! Nunca se poderá fazer melhor do que Fídias ou Michelangelo; mas nem sempre se é capaz de fazer tão bem... O que é a vanguarda de um exército em debandada?

*

Três ridículos:
– Não gostar do castelo de Versalhes;
– Falar de Victor Hugo com condescendência;
– Falar de Malévitch seriamente.

Ora, incorri nos três, ou quase. Portanto: tem cura.
O ridículo não mata, e a beleza é imortal. Assim triunfa o bom gosto.

*

Exposição Magritte (Paris, primeiro trimestre de 1979). O que impressiona: *não é tão bonito quanto nos cartões-postais!* O quadro agrada menos que as reproduções que se conheciam. Por quê? Porque o quadro original deixa aparecer sua pobreza (de desenho, de matéria, de cor), que a reprodução dissimulava, tanto mais por ser de formato mais reduzido. Num cartão-postal, não se vê a pintura; só se vê a ideia. Ora, é a ideia, em Magritte, que é bonita, no melhor dos casos, não a pintura.

Por exemplo, alguém pinta um cachimbo. É um quadro medíocre, ao alcance de um bom pintor de fim de semana, em que a ampliação desmedida produz um certo efeito de estranheza. E escreve embaixo: "Isto não é um cachimbo." Torna-se um Magritte. O quadro não mudou. Nem por isso é mais bonito, nem mais bem pintado. Simplesmente: há a ideia a mais. No entanto uma pintura medíocre com uma ideia ainda é uma pintura medíocre.

Sejamos justos. A ideia aqui é pobre e repisada. Está à altura do pintor. Às vezes ela é muito mais bela e poética. Por exemplo, aquele pássaro em pleno céu, em *A grande família*, ou a noite paradoxal (o dia noturno) de *O império das luzes*. Mas essa bela ideia, o visitante da exposição já conhecia: ela é divulgada integralmente por uma multidão de reproduções, inclusive (principalmente?) em formato pequeno. Dá um bonito cartão-postal. O quadro original só faz aparecer "a mais" a pobreza da realização. Você se diz: "Como é mal pintado! Como é pobre, sem graça, decepcionante!" O pintor, aqui, não está à altura da sua ideia.

No mesmo momento se realiza em Paris uma exposição de Chardin. O efeito é exatamente inverso. Aqueles quadros, dos quais também vimos mil reproduções, são muito mais bonitos do que qualquer uma delas. Parece que há, em sua beleza, em sua matéria, em sua poesia, algo de infinitamente precioso e raro, que solicita o contato direto. O quê? Arrisquemos uma resposta: a pintura.

Quando Magritte esclarece: "Isto não é um cachimbo", a observação só é parcialmente supérflua. O quadro é quase tão pobre, seco e desinteressante quanto um cachimbo real de produção comum. Poderíamos nos enganar – não fosse, apesar de tudo, certa inabilidade de feitura. "Parece uma foto!", exclamam os insensatos[1]. E, de fato, é quase tão sem graça.

Quando Chardin pinta um quadro representando um cachimbo (*O fumadouro*, no Louvre), ele não precisa escre-

---

1. Como dizia Baudelaire: "A multidão se diz: 'Já que a fotografia nos dá todas as garantias de exatidão (eles acreditam nisso, que insensatos), a arte é a fotografia.'"

ver que não é um cachimbo. A confusão é impossível – e, aqui, não por deficiência técnica, mas por abundância de gênio. Nunca um cachimbo real foi tão bonito, nem tão poético, nem tão profundo (no sentido, por assim dizer, metafísico do termo) quanto esse quadro. Isto não é um cachimbo. É uma obra de arte. Mas Chardin não precisa dizê-lo.

*

No ponto de crise em que estamos nas artes plásticas, gostaríamos de agradecer a Magritte por ainda dizer – e mostrar – alguma coisa. Gostaríamos de lhe expressar nosso reconhecimento por ser um pintor figurativo. Mas mostrar não basta, mesmo que sejam cenas imaginárias. Um fantasma não é mais bonito, em si, do que um objeto qualquer. Uma ideia não faz um quadro. É o limite do surrealismo, como de todo realismo que se crê suficiente. Os verdadeiros artistas sempre souberam disso: a grandeza da arte figurativa não está na figuração.

Quando se compara Magritte com certos pintores contemporâneos, ele tranquiliza. Comparado com grandes pintores do passado, ele inquieta. Triste época, a que se tranquiliza com o holofote da mediocridade!

Claro, resta a Magritte o mérito de ter reagido, com seus meios, à invasão da tolice e da bazófia. Quando ele escreve, nos anos 50:

"A tentativa atual numa escala bastante popular de fazer valer a pintura 'abstrata' com grande reforço de autoritarismo artístico pode solicitar o julgamento de vocês. Trata-se afinal, nessa questão, de ser a favor da tolice que quer se fazer passar por inteligência ou contra ela... Parece-me que, para começar, devemos nos recusar a jogar um certo jogo (o jogo 'parisiense', apesar do seu prestígio, julga os jogadores inapelavelmente) cuja complicação é confundida com profundidade. A palavra 'reação' poderia significar a decisão de pôr fim a todas as tolices de que nos ocupamos... Por volta de 1915, apaixonei-me por Mondrian e pelo aparecimento da pintura abstrata. Ora, todos os quadros abstratos atuais só mostram *a pintura abstrata* e absolutamente mais nada. Os pintores fazem e refazem sempre o mesmo quadro abstrato de 1915 (seja ele vermelho, preto ou branco, grande ou pequeno, etc.)... Por isso não posso compartilhar um interesse pelo que a pintura abstrata pode dizer e que se resume de uma vez por todas ao que a primeira pintura abstrata disse..."

... ele tem razão, claro, e são palavras de bom senso. Mas bom senso não é gênio. Ninguém é um grande pintor graças às suas recusas. Nem mesmo graças a uma certa qualidade de imaginação.

Imaginário por imaginário, comparem Magritte e Bosch. Supondo-se que as ideias se equivalham (elas são de uma ordem diferente), os dois quadros são incomparáveis. Dá vontade de dizer: Bosch sim é um pintor! Quanto a Magritte, ele também poderia contar histórias... Bosch é um pintor genial. Magritte: um pintor de final de semana surrealista.

Mas, para se dar conta disso, é preciso olhar, e de perto, e por muito tempo, os quadros reais – e não as reproduções. Os quadros de Bosch (como os de Chardin, etc.) são sempre menos bonitos em reprodução. É que Bosch, Chardin... são artistas, e não ilustradores.

Se você não vê a diferença – colecione cartões-postais.

*

Os *escravos* inacabados de Michelangelo são comoventes. Mas, para seus contemporâneos, o *Davi* ou o *Escravo moribundo* do Louvre eram muito mais. Parece que hoje eles nos comovem menos espontaneamente, menos facilmente.

No entanto Michelangelo renunciou a essas estátuas inacabadas, parece, pela impossibilidade de terminá-las a contento. E, mesmo que tenha sido impedido de acabá-las pela morte, ou pelo tempo, o fato é: são fracassos.

Por isso as apreciamos como mais próximas dos nossos gostos. Nossa época tem um fraco não dissimulado pelo fracasso: ela se reconhece nele. Os esboços nos seduzem por sua modernidade; a perfeição é anacrônica para nós (donde a espécie de descrédito que atinge os maiores; Velázquez menos popular que El Greco, Degas menos admirado que Van Gogh!). Avançamos para trás: o caos é nosso alvo, não figurativo porque não figurável.

Somos os sacerdotes do nada.

*

Falo a um amigo, inteligente e culto, de uma montagem de *Hamlet* que vi recentemente. Digo que não apreciei muito o tom e, por exemplo, que de tanto distanciamento irônico tenha-se feito do célebre "ser ou não ser" uma coisa grotesca e ridícula. Meu amigo, estupefato, responde: "Ora essa, hoje em dia já não é possível, já não é possível, em absoluto, dizer isso no palco seriamente!"

Ah, bom.

As discussões, de fato, estão ficando difíceis.

*

Grandeza sem falha de Corneille. É o que o prejudica hoje em dia. Nossos contemporâneos preferem Racine e Molière, cujo gênio, igualmente excepcional, dá espaço à perfídia e à baixeza, ainda que para denunciá-las. Isso permite que cada um possa se reconhecer neles, pelo menos um pouco. Mas e no *Cid*, obra-prima absoluta, apaixonada e apaixonante? Não há nessa obra nada de desprezível a que possamos nos agarrar. É para admirar, e admirar. Nossos estetas torcem o nariz. É que eles só sabem gostar do que se parece com eles.

*

Chegamos a este ponto: o maior poeta francês, Hugo, é um escritor desconhecido. Menos que Malherbe? Pode ser, caro Francis Ponge. Mas é mais grave.

*

Bonita frase de Jules Renard em seu *Journal* [*Diário*]: "As pessoas que não gostam de Victor Hugo me aborrecem, mesmo quando não falam dele!" Não é de espantar que eu me aborreça com tanta frequência!

*

Michelangelo, Shakespeare, Corneille, Mozart, Hugo... Isso não quer dizer que se deva dar macha à ré, no sentido estrito, recuar até eles. Só se for para avançar melhor. Eles nos ajudarão nisso.

A idade de ouro, se existir, está adiante de nós. E se ela não existir? Avancemos mesmo assim.

*

Toda criação é uma alegria – pelo aumento de ser que ela supõe. Isso não significa que não haja grandes obras tristes; mas elas não são conformes ao impulso que as suscitou.
Uma obra de arte triste vai na contramão. Ela sobe sua própria corrente (isto é, desce-a) e se esgota dizendo o que ela não é: a infelicidade de que, mesmo desesperada, ela é a negação, a superação ou o aplacamento. É o que há de perturbador em Schubert. Somente a obra alegre flui com naturalidade. É o que há de mais perturbador ainda em Mozart.

Se quiser ser fiel ao impulso que o move, o artista deverá portanto cantar a alegria e a luz.
Essa é também sua maior utilidade. Porque para dizer a infelicidade não há necessidade da arte. A vida basta, e as lágrimas.

*

A que se deve tender: a que a simples contemplação do ser seja uma alegria inteira. Há disso em certos místicos, o que não é para nos desagradar.
Essa espécie de êxtase místico diante da evidência do real não supõe necessariamente a transcendência. Não é necessariamente religiosa. Faz-nos pensar, claro, em Espinosa. Mas a pintura holandesa, em suas naturezas-mortas e em suas paisagens, ou mesmo em suas cenas de gênero, também dá uma ideia disso. É o verdadeiro Século de Ouro: o da eternidade presente (Vermeer nasce no mesmo ano que Espinosa, em 1632; Ruysdael, quatro anos antes). Mas não é um século, ou contém todos os séculos. A alegria contemplativa faz-se merecer. Cabe a cada um refazer seu caminho – iniciar-se no real. Ou seja, não fosse a ambiguidade da palavra, um misticismo da imanência.

Vermeer e Espinosa, Diderot e Chardin, a luta é a mesma! Que a matéria nos seja alegre!

*

Simone Weil: "Beleza e realidade são idênticas. É por isso que a alegria e o sentimento de realidade são idênticos."
Espinosa: "Por realidade e por perfeição, entendo a mesma coisa."
Não é a mesma ideia, mas diz respeito à mesma experiência, que é menos estética do que mística.
Nada a ver com o finalismo, o moralismo ou com uma providência qualquer! É exatamente o contrário. O real basta, porque se trata não de julgar, mas de conhecer ou contemplar. A arte, mais verdadeira que a moral.

*

Não ceder sobre os clássicos: nem sobre Corneille, nem sobre Poussin, nem sobre Mozart. Eles são nossa saúde perdida, a lembrança vivificante de que a saúde existe, de que ela é possível.
Nossa saúde recobrada, se algum dia ela advier, deverá se parecer com eles em alguma coisa.

Goethe: "Chamo de clássico o que é sadio, de romântico o que é doentio." Portanto, é de um classicismo que precisamos. Mas não de um *neo*classicismo. O neoclassicismo é uma doença. Romântica, portanto.

Nosso problema: ser clássicos e modernos. Ambos, resolutamente. Nossa meta: o classicismo do século XXI.

"É de um Malherbe que precisamos, então?" Infelizmente não! Ainda não saímos da Idade Média! É de uma Renascença que precisamos, e para isso a nostalgia não bastará. Nossa Renascença será clássica – ou não será.

*

Muitos só são brilhantes na proporção da obscuridade que se permitem. Um esforço maior de claridade os tornaria foscos. Eles falam como oráculos, por trás de uma cortina de fumaça – seus discursos. Não têm a humildade de não ser mais do que são; envolvem-se com o halo do que não são mas parecem ser. Assim também a lua brilha confusamente na noite, depois se apaga.
Já o sol brilha em pleno dia.

A lua: astro romântico.
O sol: astro clássico.

Isso não quer dizer que seja preciso ser "fácil": Espinosa não é, nem Leibniz, nem Kant. E Proust muito menos... Mas eles são claros. A clareza é ser, para o que se tem a dizer, o mais acessível possível. Isso supõe que se tenha algo a dizer. A obscuridade permite eximir-se dela. À noite, ou no nevoeiro, pouco importa a paisagem...

A clareza torna mais fácil o trabalho do leitor, e mais difícil o do autor (pela impossibilidade de iludir). É preciso buscá-la por pelo menos duas razões, portanto: por polidez em relação ao leitor; por exigência em relação a si mesmo. Um texto obscuro, nove em cada dez vezes, é uma grosseria e uma complacência. Quantos textos contemporâneos estão nesse caso? E, para uma obscuridade um pouco profunda (Mallarmé? Char?), quantas falácias?

É enfim uma questão de coragem. A obscuridade, florida de velas aqui e ali, lisonjeia: dá ao olhar uma poesia que ele não tem, à pele uma juventude que ela já não tem. A luz do dia, por sua vez, não perdoa.

Por causa disso, há velhas vaidosas que só saem de casa ao crepúsculo.

*

O que Boileau escreve:

"Meu pensamento à luz do dia se oferece e se expõe por toda parte;
E meu verso, bem ou mal, sempre diz alguma coisa...
O espírito se cansa facilmente, se o coração não é sincero..."

... quantos poderiam dizer a mesma coisa hoje em dia?

As críticas que fazem a Boileau (academicismo, formalismo, estetismo, intelectualismo...), que às vezes são fundadas, nosso século as merece igualmente, ou mais até. Porque Boileau comentava obras existentes (e que obras!), enquanto nós fazemos obras para ilustrar comentários.

*

Fazendo assim o elogio do classicismo, pareço estar arrombando portas abertas ou, pior, me alinhando com o campo dos mais fortes, dos vencedores, contra esses oprimidos da arte que seriam os barrocos e os românticos. Mas é o contrário que é verdade. O barroco e o romântico (este talvez não seja mais que a forma "século XIX" daquele), historicamente, dominam. Até mesmo o século XVII europeu (que na França é por demais esquecido) é muito menos clássico do que barroco. Dioniso, quantitativamente, ganha de Apolo. A tal ponto que a principal característica do classicismo – em todas as épocas, em todos os países – talvez seja a sua brevidade. O classicismo é a regra; mas a regra, na arte, é a exceção.

*

Francis Ponge, em seu *Pour un Malherbe*, tem esta bela frase: "O classicismo, a corda mais tensionada do barroco..." É a única que soa absolutamente afinada.

*

Ser moderno? Sem dúvida, e decididamente! Mas, nestes tempos de velharias decadentes, a modernidade verdadeira só pode ser anacrônica.

Não se trata de recuar, mas de enfim avançar. Depois de tanto tempo marcando passo!

Não há progresso na arte, mas uma história. Não se trata de refazer o que foi feito, nem de ir "mais longe". Trata-se de ser verdadeiro, autêntico, sincero. A beleza virá, se vier, como suplemento.

Somos contemporâneos do eterno.

*

A armadilha é o século XIX.

(Os que quiserem ir "mais longe" que ele, e que vão a qualquer lugar... Mais longe que a música, mais longe que a pintura, que a poesia... De tanto ir mais longe do que tudo, nos encontramos aquém da arte. E, depois, os que se recusam a fazer qualquer coisa e que, mal ou bem, repetem o século XIX. É melhor? Será que só temos escolha entre o grito mais ou menos sofisticado... e a gagueira?)

*

Ser "absolutamente moderno" talvez seja, antes de mais nada, escapar do século XIX. Não é impossível que uma tradição mais antiga nos ajude nisso. Homero, mais útil que Mallarmé? Bach, melhor mestre que Wagner? Chardin, mais tônico que Cézanne? Afinal, é possível.

Ou então teremos simplesmente – como Rimbaud? – de nos habituar ao silêncio?

*

"Nossa época sem hierarquia...", escreve Gide. E mais adiante: "É por sua *insignificância* que as obras pintadas em nossa época serão reconhecidas." Nada a acrescentar. E isso não vale apenas para a pintura.

*

Não falemos de *decadência* – seria condenar o futuro. Mas falemos de *crise*; porque o futuro precisa que se julgue o presente. E a crise da arte contemporânea, quem pode negar?

"Decadência": há sempre, nesse termo, uma metáfora biológica implícita: *cadere*, em latim (e *decedere*), é morrer. O fim parece inelutável. Dá vontade de ir dormir...

"Crise" é diferente. O modelo aqui é político. *Krisis*, em grego, é o momento da *decisão*. Então: decidamo-nos!

Quando digo: "é noite", talvez deplore a falta do belo dia que se foi. Mas também: espero a aurora.
A decadência seria um crepúsculo sem fim, uma noite sem aurora. E de que outro modo explicá-la, senão por uma degeneração misteriosa da espécie ou, dirão alguns, da raça? Seria certamente se enganar. A arte pertence à cultura, não à natureza. Ela necessita de gênios, não de eugenia.

Não nos desesperamos do nosso tempo. Porque o desespero também é uma posição decadente. Os que desesperam da arte moderna fazem parte da noite que condenam.
Tenhamos a coragem da aurora. Chega de sonhar. Temos de pôr mãos à obra!

Mas quem, que pintor, que poeta, que músico, que cineasta, que artista, que gênio imenso e salutar saberá fazer nascer um sol?
Que nos venha um Giotto, um Shakespeare, um Bach... e nossa modernidade será luminosa e triunfante, como é, nesta manhã, a primavera!

*

Os que não gostam de Mozart: o que dizer a eles? Os que repetem, como um certo amigo meu: "Mozart é leve, superficial, sempre igual, inodoro e sem sabor..." Como fazê-los compreender? Dir-se-á: eles que ouçam! Mas não basta. Eu mesmo experimentei mil vezes a ausência de Mozart em sua própria música: algo como um silêncio sonoro, em que nada acontece a não ser um tédio vago e cortês, como um sorriso encomendado... E não é por culpa dos intérpretes, ou nem sempre: o mesmo disco, numa outra vez, ampliará o céu. Sim, compreendemos os que não gostam de Mozart: somos como eles, com muita frequência! Gostar de Mozart não é gostar dele sempre. Nem sempre estamos suficientemente elevados para gostar dele. Gostar de Mozart é ter gostado dele pelo menos uma vez. Isso não se esquece.

(É por isso que os que gostam de Mozart têm certeza de que têm razão: eles conhecem os dois lados da questão.)

Mozart, o gentil Mozart, Mozart amável e fácil... é na realidade o mais difícil dos músicos, justamente por essa "facilidade". Os últimos quartetos de Beethoven, que são sublimes, parecem resistir mais; mas essa resistência atrai, eles pelo menos têm o charme, já de início, de surpreender. Mozart nunca surpreende. Eu ia escrever: Deus também não. Ou, quando surpreende, é como a evidência[2]. Ele não resiste: espera. Ele não surpreende: nós o reconhecemos. Dizemos: "*É Mozart!*" E é como se ele penetrasse em pessoa na sala... Entre os que gostam dele, cada um tem suas lembranças secretas disso, e sabe as primeiras vezes que chorou com ele. Ouvindo determinado quarteto, determinada sonata ou trio, determinado concerto... De repente, o encontro comovente: Mozart em pessoa e em verdade! E o que pessoas como Dinu Lipatti, Edwin Fischer ou Clara Haskil trazem de alma na ponta dos dedos. Então nos calamos. A música basta.

---

2. Volto a pensar no que Marc me dizia, uma noite, a propósito da verdade: "O verdadeiro não tem nada de extraordinário... É até com base nisso que o reconhecemos, quando ele está presente: não há nada de extraordinário, absolutamente nada! E é o verdadeiro..." Não é sem dúvida tão simples assim; mas há essa verdade em Mozart, no que se chama sua "elegância": essa banalidade perfeita e perfeitamente bela. Em Vermeer também. Nós a encontramos em todas as artes, em todas as épocas. Éluard, por exemplo: "*Tenho a beleza fácil e é uma felicidade.*" Frase mozartiana.

Schubert é mais afetivo, mais sentimental, mais humano talvez – e por isso perturbador. Mozart nos perturba de outro modo, instalando-se como que além da afetividade ou do homem. É por isso que se fala do "divino" Mozart, maneira melosa e inadequada de dizer o essencial: que a música de Mozart é da esfera da espiritualidade, não dos sentimentos. Mas é uma espiritualidade sem promessa e sem dogmas, que não deixa nada mais a crer nem a esperar. O presente basta, ele é a eternidade verdadeira.

(O que melhor conheço sobre Mozart é esta frase de Rubinstein a um de seus alunos que ia tocar uma obra dele: "Atenção! Se não for um milagre, não é Mozart!")

Os momentos de graça em Mozart: como uma abertura para a eternidade disponível.

Mozart: leve e profundo – e com frequência mais leve quando é mais profundo, e vice-versa. "Superficial por profundidade?" Talvez. "Tudo o que é bom é leve", dizia Nietzsche, "tudo o que é divino corre com pés delicados." Essa leveza não é o contrário da gravidade, mas do peso. Ela vale mais do que toda a "profundidade" romântica (que adoro, salvo em Wagner). Um sorriso vale mais e melhor que um grito.

Mozart contra Wagner: o sorriso do sábio contra o grito do herói. E é o sábio que tem razão.

*

E se a vida não for bela?
É aqui que tudo converge. Cada um tem a estética que merece.

*

V

"A filosofia, enquanto lhe restar uma gota de sangue para fazer bater seu coração absolutamente livre que submete o universo, não se cansará de lançar a seus adversários o grito de Epicuro: 'Ímpio não é quem demole os deuses da multidão, mas quem adorna os deuses com as representações da multidão!'"

KARL MARX

"O corpo humano é o túmulo dos deuses."

ALAIN

Dias de cansaço...
Em certos momentos, parece que toda a filosofia se resume numa alternativa: ou Deus existe, e então nada tem importância; ou Deus não existe, e então nada tem importância. Ou seja, nos dois casos nada tem importância – e essa constatação também não.

Cansaço? É que outros dias, que parecem de maior força, se impõe a constatação simétrica: com ou sem Deus, tudo importa, esta pedra, esta mosca no vidro, esta poeira, esta afirmação em mim da importância de cada coisa.

Dias de chuva... Dias de sol... Dir-se-ia as duas estações da alma. E, assim como se vê que a mesma paisagem, conforme os jogos cambiantes da luz, se torna diferente ao mesmo tempo que permanece idêntica, também essas duas constatações – tudo importa, nada importa – dão na mesma e dizem a mesma coisa, ou seja, que "tudo" e "nada" são aqui nomes do ser, conforme saibamos ou não nos interessar por ele; e que não é verdade que o ser importa (já que para ele basta ser). A existência ou não de Deus não altera em nada a questão.

Você dirá: mas, se Deus "não altera nada", para que se dizer ateu? Responderei que em primeiro lugar há as Igrejas, as inquisições, as guerras de religião... E principalmente que a objeção se inverte: para que se dizer crente? De resto, um Deus que "não altera nada" já não é um Deus; e essa "religião" (veja Epicuro, veja Espinosa) já é o ateísmo, ou leva a ele. O resto é uma questão de palavras; e as palavras têm importância demais para que renunciemos à palavra ateísmo.

*

O que é Deus? Tudo o que existe (imanência) ou tudo o que não existe (transcendência). Em suma: tudo ou nada. O ateísmo escolhe o tudo. Escolher o nada é suicida. A religião diz: acreditar é morrer para si, e nós queremos viver. Toda religião prega a renúncia.

O suicídio seria, assim, um ato de fé, e o extremo da religião: o auto de fé de si mesmo.

A Igreja o proíbe, assim como toda instituição condena seus extremistas, que no entanto são sua verdade.

Os santos só têm direito ao martírio, que é um suicídio disfarçado.

Essa tanatofilia não começou com o cristianismo. Platão reconhece que só ensina a morte. Mas a cruz teatraliza esse ensinamento: é o idealismo em ato. Se ouso dizer.

"O filósofo busca a morte: filosofar é aprender a morrer..." Essa palavra de ordem de Platão, no *Fédon*, é o programa de todo idealismo. O materialismo dirá o contrário, portanto.

Epicuro: "A morte não é nada para nós."

Espinosa: "Um homem livre não pensa em nada tão pouco quanto na morte, e sua sabedoria não é uma meditação sobre a morte, mas sobre a vida."

Religião e idealismo: a tristeza é a mesma.
Somos materialistas por amor à alegria. Filosofar é aprender a viver.

*

O que surpreende, ao ler os textos místicos de santa Teresa de Ávila, é sua extrema pobreza. O que não quer dizer que sejam insinceros. Ao contrário. Mas também não quer dizer que o inefável seja aqui prova do sobrenatural. O êxtase é um estado do corpo. Aquém, e não além, da linguagem.

*

Não há êxtase que não seja corporal. Uma droga poderia produzir o mesmo efeito. E o que prova uma droga?

*

A questão não é saber se Espinosa acreditava em Deus. Ele acredita – ou antes: ele conhece – o que define com essa palavra: a substância única, infinita, eterna e imanente, que não é um sujeito, que não é uma pessoa (nem três...), que não tem, "propriamente falando, nem amor nem ódio por quem quer que seja", enfim que "não produz seus efeitos pela liberdade da sua vontade". Em suma, ele só crê na Natureza, que se dá a conhecer, e não a crer.

Por que tê-la chamado de "Deus" (*Deus sive Natura*)? Sem dúvida porque isso lhe era útil. E dá para adivinhar contra quem: Descartes, mais do que uma eventual Inquisição.

Ainda é útil hoje em dia? Achamos que não. Por isso somos ateus. *Natura sive natura*.

*

É inútil esperar do progresso das ciências uma diminuição da superstição. Não que esta não se apoie efetivamente na ignorância, mas justamente: sendo infinito, o número de coisas ignoradas permanece constante, apesar do aumento das coisas conhecidas – e constante também a distância (infinita) entre o conhecido e o desconhecido. O conhecimento progride. A ignorância não recua, nem portanto a superstição, que só pode mudar de forma (inclusive lançando mão de discursos paracientíficos). Por isso nunca houve, nem existirá nunca, a idade das Luzes, se entendermos com isso um triunfo da razão. O progresso das Luzes, que é inconteste, deixa a noite intocada. O racionalismo continuará sendo para sempre, portanto, uma opção, um combate – um risco.

*

Duas maneiras de ser racionalista. O racionalista estrito nega o que ignora ou o que não compreende: ele reduz o real ao já conhecido. Seu mundo tem as fronteiras da sua inteligência. Ao contrário, o verdadeiro racionalista é um espírito aberto: sabe que existem muitas coisas que ele não conhece ou não pode explicar. Seu racionalismo permanece atento ao infinito do que ignora e se distingue em primeiro lugar pelo silêncio: recusa-se a explicar o que não compreende. (Espinosa: "Se os filósofos querem chamar de espectros o que ignoramos, não negarei sua existência, pois há uma infinidade de coisas que ignoro.") Isso o distingue tanto do racionalismo estrito como do supersticioso: os dois falam sem saber. Que um diga sim e o outro não, não altera em nada. São falastrões. A primeira sabedoria é o silêncio da razão.

(É um erro meu apresentar aqui o racionalismo como uma escolha, ou pelo menos não é uma escolha da razão. Como ela poderia escolher a si mesma ou outra coisa que não seja ela mesma? Todo discurso irracionalista é necessariamente irrazoável, mas não irracional – já que existe.)

*

O ESPÍRITO DESCENDENTE
(sobre Simone Weil)

O que Simone Weil absolutamente não pode conceber: que possamos nos elevar – que a ascensão seja possível. Ela só conhece a descida, e o alto apenas por dedução.
Daí, diga-se o que for, sua infinita tristeza. E, pense ela o que for, seu Deus – sim: um consolo! O alto original você encontrará bem no fim, quando você estiver lá embaixo. Em sua linguagem: nu, totalmente nu diante da luz.

Alguns exemplos:
– "Não somos capazes de avançar verticalmente."
– "A humildade consiste em saber que no que chamamos de 'eu' não há nenhuma fonte de energia que nos permita nos elevar."

– "Prova ontológica experimental. Não tenho em mim princípio de ascensão... Alguma coisa me puxa para cima. Se sou realmente puxado, essa coisa é real."
– "O bem real só pode vir de fora, nunca de nosso esforço. Não podemos nunca, em caso algum, fabricar algo que seja melhor do que nós."
– "A ideia de sublimação só poderia surgir na estupidez contemporânea."

Metafisicamente, isso desemboca num pensamento original e forte da Criação como redução: "o bem despedaçado e espalhado através do mal". Deus, sendo todo o bem possível, só pode criar menos bem que ele – só pode criar o mal! Porque, se o mundo fosse perfeito, ele seria Deus – e Deus não teria criado nada. A criatura, não sendo Deus, é imperfeita por definição. Só é criatura pelo mal que a habita. Criar, para Deus, é fazer o mal (ele não existia antes da criação). E, como o mal nada mais é que uma limitação, que uma falta, a criação é uma diminuição, um menor ser. Deus renuncia – por amor – a ser tudo. É como uma amputação de si: seu membro ausente e dolorido é o mundo. No limite, o que Deus cria é o nada – ou a matéria, o que pode dar na mesma. Toda criação, para Deus, é redução, decaimento, *condescendência* (era a palavra de Ravaisson). Não é essa a essência, percebida ou não, de toda religião? Se há um Deus transcendente, o mundo daqui é sempre *aqui na terra*. Criar, portanto: um abaixamento.

Isso desemboca também numa certa concepção da humanidade e da salvação (a "descriação"). Se tudo vem de Deus, tudo desce – inclusive a graça, a única a poder nos elevar. Por isso só podemos subir descendo duplamente, como na música, em que "a subida das notas é subida puramente sensível", enquanto "a descida é ao mesmo tempo descida sensível e subida espiritual". É a dupla descida: "Refazer por amor o que faz a gravidade, descer com um movimento em que a gravidade não tem nenhuma participação..."

E, lá embaixo, o que encontramos? Nada! Simone Weil, como boa platônica que é, só aspira à morte: "Meu Deus, concedei-me tornar-me nada!" Esse nada é Deus, já que "Deus só pode estar presente na criação sob a forma da ausência". É o contrário da idolatria: "Nada do que existe é absolutamente digno de amor. É preciso amar portanto o que não existe." Mas "esse nada não é não-ser, não é irreal. Tudo o que existe, comparado a ele, é irreal". *Descriar-se* é percorrer no sentido inverso o caminho descendente da criação: é pôr fim ao mal que somos, o qual nos separa do Bem que é Deus. No fim, só há Deus: "À medida que me torno nada, Deus se ama através de mim."

E morre assim aos trinta e quatro anos, de privações voluntárias, santa e mártir da sua fé! "Pouco importa o que há em mim de energia, de dons, etc. Sempre tenho o bastante para desaparecer. Cessar de ser por amor."

Ela é a grande discípula de Platão: filosofar é aprender a morrer... E ela morre efetivamente disso: "Amar a verdade significa suportar o vazio, e por conseguinte aceitar a morte. A verdade está do lado da morte."

Seria fácil demais mostrar que em todos esses pontos Espinosa se contrapõe a Platão-Simone Weil.

Sobretudo, o que seria preciso analisar são as incidências políticas de tal pensamento. Refutar metafisicamente toda e qualquer possibilidade de elevação é negar ou condenar toda ideia de *progresso*. Assim, quando Simone Weil escreve que "o materialismo ateu é necessariamente revolucionário, porque para se orientar em direção a um bem absoluto aqui da terra é preciso situá-lo no futuro"[1], podemos deduzir a consequência simétrica dessa afirmação: o idealismo religioso é necessariamente reacionário, porque, sendo o bem absoluto original e transcendente, a história humana necessariamente se afasta cada vez mais dele (queda e gravidade: "A humanidade se degrada a cada oscilação"). Aproximar-se do bem é portanto retroceder. Avançar é recuar: subir a corrente descendente da história. O bem está do lado do passado: o paraíso terrestre está atrás de nós! "Assim, o passado nos apresenta uma coisa que é ao mesmo tempo real e melhor do que nós e que pode nos puxar para cima, o que o futuro nunca faz... De onde nos virá a renascença? Somente do passado, se o amarmos."

E isso dá a curiosa reviravolta dos *Écrits* [*Escritos*] de Londres, em que uma intelectual de esquerda, resistente e ex-integrante das Brigadas Internacionais, retoma temas do regime de Vichy[2] e dos realistas[3]. Mas não é por acaso, e a reviravolta das Brigadas Internacionais a esse totalitarismo reacionário de Londres é apenas aparente. Desde o início seu grito profundo é: *Viva a morte!*

Platão já dava o mesmo grito.

Casos particulares? Aberrações raríssimas? Parece-me, ao contrário, que Simone Weil reflete, com mais profundi-

---

1. O que nem sempre é verdade: um materialista, mesmo que revolucionário, também pode renunciar ao bem absoluto!
2. "Longe de adotar em tudo o oposto de suas palavras de ordem, devemos conservar muitos pensamentos lançados pela propaganda da Revolução Nacional, mas fazer deles verdades."
3. "Uma realeza verdadeira seria a cidade perfeita... Ainda hoje, o ódio antigo do povo ao despotismo real impede absolutamente que o conde de Paris possa ser livremente aceito pelo povo da França, apesar da adesão de um homem como Bernanos. Sob certos aspectos, é pena, muitos problemas poderiam ser resolvidos assim... Ficaríamos muito felizes se houvesse para nós alguma possibilidade de realeza verdadeiramente legítima."

dade e sinceridade do que muitos, uma coisa essencial a todo pensamento religioso consequente: sendo Deus o alto absoluto (o Bem infinito e perfeito), nada, vindo dele, pode subir. Ora, tudo vem de Deus. Logo: tudo desce. A queda está inscrita na criação. A gênese chama o apocalipse, prepara-o, espera-o.

Ao contrário, se o alto absoluto não existe (nenhuma transcendência), *subir* é sempre possível. Materialismo: o alto vem de baixo, o superior nasce do inferior. O materialismo é portanto ascensional por definição; ele vai de baixo para cima. O idealismo: de cima para baixo. O materialismo sobe. O idealismo desce. A esses dois movimentos correspondem sentimentos de alegria e de tristeza. Só há alegria verdadeira na subida. Lucrécio já tinha dito: a religião nos esmaga sob fantasmas; o materialismo de Epicuro nos eleva "até o céu". E Marx, na *Ideologia alemã*: "É da terra ao céu que subimos aqui." Simone Weil, apesar do seu gênio, está do lado da religião, da tristeza e da reação. Seu mérito (que a torna comovente): ela morre disso. Esmagada.

*

Um amigo me escreve: "O alto e o baixo são relativos, pois, para terem um sentido, supõem um critério, um espaço absolutamente orientado – se isso existisse. No espaço infinito, não há nem alto nem baixo: estar de pé também é estar deitado. Sua ideia de verticalidade só é aceitável num universo geocêntrico..."

Seja. Mas o espaço em questão não é o universo; é a história. E ela é necessariamente geocêntrica: já que é a história dos humanos na Terra! É, ao contrário, porque o universo não tem centro, porque não tem alto nem baixo, nem norma, nem critério, nem fim... porque Deus não tem moral (Espinosa). E é porque não sou Deus, mas somente uma parte do universo, e mergulhado na história (Marx), que eu, necessariamente, tenho uma moral. A natureza não tem moral; mas a história tem uma moral – ou várias.

*

Os místicos são os sensualistas da religião. Esse Deus que não vemos, que não tocamos, que não ouvimos, mas que "sentimos" – e todo sentir é do corpo –, esse Deus é material. É o derradeiro ídolo.
Ilusório? Sem dúvida. Mas não porque é material. Porque o acreditamos Deus.

De resto, nem sempre é assim: há místicos sem Deus. O budismo primitivo produziu vários. Sem pretender que ele seja ateu ou que negue Deus (não se dá a esse trabalho), é forçoso constatar que o budismo não tem nada de teísmo, que não espera nada dos deuses, nem recompensa nem castigo. "Nenhuma falta pode ser redimida", dizia Buda. "O homem nasce sozinho, vive sozinho, morre sozinho... Não espere nada dos deuses implacáveis; espere tudo de você mesmo." E no entanto é evidente que existe uma mística budista: meditação, contemplação, êxtase (ou "enstase"), *satori*, despertar ou nirvana... Misticismo sem Deus: misticismo sem ídolo.

O misticismo é a experiência do ser[4], e nisso é verdadeiro: o ser é.
Todo o resto é literatura ou religião.

---

4. Mestre Eckhart: "O ser é Deus... Deus portanto e Ser são a mesma coisa." Daí a desconfiança das Igrejas, cujas ideias de transcendência e antropomorfismo não encontram lugar nessa visão.

*

Os humanos têm uma capacidade surpreendente de confundir seus desejos com a realidade – em vez de compreender a realidade de seus desejos. A religião é um exemplo disso. As pessoas creem em Deus, afinal, porque seria bem melhor se Deus existisse. Por isso também creem na imortalidade ou na ressurreição: o contrário seria triste demais... Toda religião é otimista, e isso diz muito sobre a religião (talvez também sobre o otimismo). Tomo como prova disso este fato surpreendente: nenhuma religião, em nenhum país, em tempo algum nunca supôs a existência de um Deus onipotente mau. Todos os monoteísmos são cultos a um Deus bom, e até os diferentes tipos de dualismo maniqueísta têm em comum a afirmação de uma superioridade (seja de potência, seja de saber) do Deus do bem, o que lhes permite anunciar sua vitória futura e definitiva sobre o Deus do mal. Passou para a linguagem corrente: o verdadeiro Deus é sempre o Bom Deus.

Ora, não é preciso refletir muito tempo para se dar conta: nenhum argumento sério torna isso mais provável que o contrário. Deus poderia ser mau... Poderíamos todos ir para o inferno, e a vida na terra só existir a fim de nos inspirar para sempre atrozes remorsos, que tornariam mais insuportável ainda uma eternidade, para todo o mundo, de sofrimentos infinitos... Afinal de contas, o pior também é possível.

Ou Deus poderia não ser nem bom nem mau, mas simplesmente se lixar, como os deuses de Epicuro, como o Deus de Espinosa, e nos deixar para sempre sem consolo nem salvação...

Não venham me dizer que a natureza manifesta a bondade do seu criador. Ela manifesta igualmente o inverso, e o Buda, que não era bobo, via no sofrimento universal a primeira das quatro "verdades santas" – por isso ele não ligava para Deus. Ou você fará a gazela acreditar que é bom que o leão a devore? E o leão acreditar que é bom faltarem gazelas ou já não poder pegá-las? Você fará a mosca acreditar que é bom existirem aranhas? E a aranha, o leão ou a gazela acreditarem que é bom existirem homens? E, à criança que nasce cega, você dirá que a noite também é boa? O mal existe tão evidentemente quanto o bem, e todos os argumentos que, na teologia clássica, servem para justificar a existência do mal poderiam, numa teologia do mal absoluto, ser revertidos e servir para justificar... o bem.

Mas um Deus mau já não serviria para nada. Não se acredita nele *porque não se precisa dele*. Eis o que ilumina, com uma luz crua, as razões de acreditar no Bom Deus...

(Uma exceção? Há em *Juliette*, de Sade, um personagem, Saint-Fond, que defende a existência do "ser supremo em maldade", isto é, um Deus único absolutamente mau, o qual teria, segundo ele, criado o universo. Mas o próprio Sade não se apega a ele e encontra em seu ateísmo naturalista – vejam *La philosophie dans le boudoir* [*A filosofia na alcova*] – um meio mais simples de resolver o problema. É pena: imaginamos a bela Bíblia que teria sido capaz de escrever...)

Os homens, que são geralmente pessimistas nas pequenas coisas, também são decididamente otimistas nas grandes. A tal ponto que a frase tão banal de Renan – "Pode ser que a verdade seja triste" – surpreende. O truísmo faz figura de audácia ou paradoxo. O medo passou por lá.

É que não se entendeu que a verdade não é, em si, nem triste nem alegre, já que tristeza e alegria só têm existência subjetiva. Não há nem bem absoluto nem mal absoluto, porque não há juiz supremo para decidir (não há Sujeito absoluto). A natureza não é nem boa nem má: ela é a natureza. Nem moral nem imoral: *a*moral. A verdade portanto não é triste, e nem alegre. A verdade não é um sujeito. Por isso ela não é Deus. Alegria e tristeza só existem em nós, para nós, por nós. Não, portanto: "pode ser que a verdade seja triste" (pessimismo), nem o inverso (otimismo). Mas: pode ser que a verdade seja alegre. Isso depende de mim.

Nem pessimismo nem otimismo. A filosofia basta.

*

A religião cristã, escreve Pascal, nos ensina duas verdades:

> "que existe um Deus, de que os homens são capazes, e que existe uma corrupção na natureza que os torna indignos desse Deus... Um só desses conhecimentos faz, seja a soberba dos filósofos, que conheceram Deus e não a própria miséria deles, seja o desespero dos ateus, que conhecem sua própria miséria sem redentor".

Ele tem razão. Cada uma dessas posições é falsa porque é parcial; uma meia verdade é sempre um erro. Mas um duplo erro, ou supostamente tal, pode fazer uma nova verdade. Nossa recusa será total. Rejeitamos essas duas supostas verdades – logo também os dois erros que nascem da negação de uma só delas. Não há nem Deus nem miséria. Nem redentor nem corrupção. Esse "erro" total (que Pascal não considera, a tal ponto lhe parece inconcebível) é nossa verdade. Somos os filósofos sem Deus, os ateus sem desespero.

Que nosso ateísmo seja soberbo!

Deixemos portanto aos miseráveis seu "Deus de amor e de consolação". Não temos necessidade de ser consolados. Sua amizade, meus amigos, me basta.
Nós nos amamos uns aos outros – soberbamente!

*

Só há duas maneiras de pensar Deus: com ou sem providência. Com, caímos na insipidez do finalismo e nas aporias do mal. Sem, só se pode pensar o Deus de Espinosa, o ateísmo em sua mais extrema tensão – em que se anula até mesmo a diferença entre ateísmo e religião. Mas essa anulação não é simétrica. Com ela, o ateísmo perde apenas seus limites, sua negatividade (*"omnis determinatio negatio est"*), o vestígio nele, inclusive em seu nome, do Deus ausente. Com ela, a religião perde sua alma (ou o misto de superstição, de medo e de antropomorfismo que faz as vezes desta).

*

A raiz mais secreta das religiões, e a mais profunda, talvez seja simplesmente o egoísmo. Querer que um Deus se interesse por nós, nos observe, nos ame, nos salve... Que narcisismo! Religioso é todo homem que não consegue compreender que ele não tem nenhuma importância. Assim, todos nós o somos.

Imaginar um Deus que me ama: portanto sou amável! Ou que me olha: portanto sou interessante! E vice-versa: sou amável, portanto é preciso um Deus que me ame; sou interessante, portanto é preciso haver um Deus que me olhe...

O egoísmo leva a Deus pelo caminho mais curto. As religiões servem para inventar desvios.

*

Se fôssemos imortais, não necessitaríamos de Deus. Eis o que diz muito sobre a religião. A fé, filha do nosso medo.

*

Duas paralelas confundidas são tanto uma só linha quanto uma infinidade de outras. É o caso da substância única em Espinosa, dos dois atributos conhecidos (a extensão, o pensamento) e da infinidade dos atributos desconhecidos... Mas há uma só linha, que é a natureza (*natura naturans*) ou o universo (*natura naturata*).

Somos um segmento, ínfimo, nessa linha. Verificamos todas as suas propriedades, inclusive as que ignoramos. É por isso que a meditação sobre si não é absolutamente inútil. É meditar sobre um pedacinho da linha, e isso é melhor que nada. *Sou a verdade e a vida...* Cada um pode dizer isso de si e fazer a partir daí um novo evangelho. A cada um sua Boa Nova. Montaigne tinha compreendido isso, e Flaubert, e todos os grandes artistas. A arte culmina onde a psicologia se faz metafísica. A verdade está em nós; nós estamos na verdade. Só há uma linha: toda verdade leva a ela; somente o erro ou a ilusão (que dela fazem parte) dela nos afastam.

Morrer não é nada mais do que ser um segmento na linha. Um segmento que não morresse já não seria um segmento, mas uma linha. Ora, só há uma, infinitamente paralela a si mesma. Nós morremos por não sermos Deus.

Mas Deus não é ninguém. Morrer é o preço a pagar para ser si.

*

VI

"O homem não é de natureza sociável, nem possui modos doces."

Epicuro

"Ainda que os homens se governem em tudo, na maioria das vezes, de acordo com seu apetite sensual, a vida social tem no entanto muito mais consequências vantajosas do que prejudiciais. É melhor portanto suportar suas ofensas com uma alma tranquila e trabalhar com zelo para estabelecer a concórdia e a amizade."

Espinosa

Calar-se? Mas ele teme o silêncio. Falar? Mas ele teme a verdade. A mentira nasce desse duplo medo. Ela é palavra amedrontada. Assim, a criança com medo balbucia no escuro – para se tranquilizar. Assim, os adultos tagarelam: para dissimular seu medo e, por fim, esquecê-lo.

"Os adultos"? Todos nós. Todo o mundo mente porque todo o mundo tem medo: medo de si, dos outros; do silêncio, da verdade... Quando tivermos vencido nosso medo, poderemos nos calar, ou então dizer a verdade. O que dará na mesma.

O sábio é silencioso, dizem os textos budistas, mesmo quando fala.

*

Um pouco da beleza do mundo, toda manhã, está nessa coragem cotidiana de ser belo, que chamamos de vaidade. Essa coragem é geralmente reservada às mulheres. Os homens muitas vezes são covardes nas pequenas coisas e por isso fingem desprezá-las. O cotidiano lhes dá medo. Eles são feios, ou comuns, ou insossos, por frouxidão. Mas o desprezo pelas pequenas coisas não é uma garantia para as grandes. Nenhuma covardia é prova de coragem.

Vaidade não é frivolidade, portanto. Ser frívolo não é pensar nas pequenas coisas; é esquecer as grandes. Celimene* é frívola, não porque é vaidosa, mas porque não sabe amar.

*

Moda: é a imagem móvel da beleza.
A moda muda. O que era bonito ontem parece feio hoje; o que é bonito hoje será feio amanhã. Toda beleza é histórica.
No entanto, em dois séculos, não parecerá mais. Restará a beleza eterna. Anistórica? Não: pan-histórica. A eternidade não é a negação da história mas seu resultado: sua soma e seu resto.
Um amor eterno não é um amor sem história. É um amor que sua história não aniquila mas prolonga.

*

Alguns amigos meus, se lerem esta coletânea, vão achar que nela não faço bastante política, no sentido militante do termo. Vão me criticar por considerar as coisas *sub specie aeternitatis*. Não é isso, no entanto, ou não somente isso. Mesmo considerando as coisas do ponto de vista da história (*sub specie historiae*), isto é, vendo do cotidiano apenas o que a história guardará dele, daqui a um século ou dois, a política que vivemos no dia a dia se resume a tão poucas coisas... E que competência particular teria eu, ou que obrigação, de dizê-las?

---

* Personagem adúltera de *O misantropo*, de Molière.

Sei que é preciso fazer política, seriamente, e que ela se faz todos os dias. Mas também lavo o rosto todas as manhãs. Não sinto necessidade de falar disso.

*

Vanidade das conversas políticas. O que digo, um outro poderia dizer, com algumas nuances de diferença. Uma conversa política é sempre impessoal (caso contrário não seria política). É quase como ler o jornal.

A política é uma questão de ações e só necessita de palavras como tal. O único discurso político legítimo é o discurso militante. O resto, tagarelice.
Com meus amigos, não gosto nem de um nem de outro.

*

Todas as discussões idiotas que temos com pessoas inteligentes; elas nos fariam duvidar de tudo, inclusive da inteligência.
É que a inteligência não é convivial. A solidão lhe convém mais; no mundo, ela definha ou perde a graça. Às vezes parece que toda palavra a avilta, a suja. Somente a escrita a transmite em sua tensão, seu rigor, sua nitidez. Chama-se a isso: estilo.

A escrita, como o pensamento, é absolutamente solitária. E nisso ambos semelhantes à morte.

Rilke diz a mesma coisa do amor: "Na medida em que estamos sós, o amor e a morte se aproximam."

Escrever, amar, pensar: toda a minha vida como uma morte... E tão viva nisso!

Um escritor genial, um amante apaixonado, um grande pensador, um moribundo: eles carregam a solidão no rosto.

A palavra é o estupro do pensamento; a escrita, seu amor. Se só há erotismo amoroso, falar é pornografia.

Quanto aos que escrevem como se fala: eles amam como quem estupra. Para quê?
Somente o estilo merece o amor e a participação do leitor. Escreve-se sozinho; mas é para ser lido.
Assim: quem ama quer ser amado; quem pensa, ser compreendido; quem escreve, ser lido. Mas quem morre quer o quê?

*

Programa oficial de filosofia (*BO* do Ministério da Educação, 1º de novembro de 1973) para o último ano do colegial. Todos os cursos, literários ou científicos, devem estudar, entre outras coisas, as seguintes noções: "teoria e experiência; lógica e matemática; o conhecimento do vivo; constituição de uma ciência do homem (um exemplo); o trabalho; a técnica..." Mas somente os literários (classes A) podem e devem, no âmbito do programa, refletir sobre: "o desejo; a morte; o dever; a felicidade". Como se, para três de cada quatro cursos, a matemática fosse mais importante do que o desejo, a biologia mais vital que a morte, a epistemologia mais interessante que a moral, a técnica mais urgente que a felicidade! E aos dezoito anos! Triste paradoxo: para três de cada quatro alunos, a sabedoria não está no programa do ensino filosófico!

Ou só está implicitamente – pela evidente loucura desse programa de abdicação. Como Sócrates estava implicitamente nos sofistas, e Epicuro, nas superstições.

A cada século seus sofistas. A cada tempo suas superstições.

*

Não confundir as ordens. Quem as confunde é *ridículo*, diz Pascal. Assim, quem confunde a ordem do coração com a do espírito (*Pensamentos*, L 298-B 283) ou da razão (110--282), a ordem da carne com a da caridade (308-793), o espírito de geometria com o de fineza (512-1), etc., é "ridículo".

E em política? Pascal não diz; mas podemos inferir que o ridículo (a confusão das ordens) é *tirania*. Esta, diz Pascal de fato (58-332), "consiste no desejo de dominação, universal e fora da sua ordem". Por exemplo, quem diz: "Sou forte, portanto devo ser amado..." A tirania é o ridículo em política.

(Um ridículo que pode matar, e que deve matar. Porque Montesquieu tem razão ao ver no temor o princípio do governo despótico. Quem é ridículo tem necessidade de dar medo. Para não fazer rir.)

É por isso que a sociedade não pode ser conduzida pelos melhores. A aristocracia é ridícula (é uma tirania: ela confunde as ordens) e impossível (em política, os melhores não estão de acordo entre si; eles não estão todos "do mesmo lado"). É preciso portanto outra coisa, que o sufrágio universal pode suprir – pois se trata de validar uma relação de forças que encontra em outro âmbito seu móvel e sua verdade (Marx). Sendo o poder dos melhores impossível, o melhor regime possível é o poder de todos. Ridículo? Não, pelo menos na medida em que não se pretenda que a maioria tem razão...

Ter todos os amigos do mesmo lado que você não é então nem necessário nem, salvo sectarismo, possível. O sectário é aquele que confunde as ordens (valor pessoal e posições políticas, sentimentos individuais e relações de forças coletivas). Ele é ridículo, portanto: é o tirano das relações pessoais.

*

Pascal: "O mérito provoca discussão; o número de criados não." Mas tampouco, numa democracia, a quantidade de sufrágios. É por isso que a democracia é possível, e no fundo mais fácil do que o poder improvável dos melhores, cujo valor sempre provocará discussão ou guerra. Trata-se de contar, não de admirar. A aritmética, garantia de paz.

O perigo está em crer que o número de votos coincide (por que milagre?) com o mérito. Não é assim, ainda bem. Se o eleito sempre fosse o mais inteligente, o mais competente, o mais corajoso, o mais justo... como lhe recusar fidelidade? Se fosse preciso ao mesmo tempo admirar e obedecer, como não cair na servidão? Haveria risco de ditadura (o "culto da personalidade" sob Stálin), de tirania democrática (é o que se chegou a temer, por um tempo, com De Gaulle) ou de aristocracia eletiva. O que nos preserva disso: a mediocridade dos políticos.

*

A democracia não supõe que todos os homens sejam iguais, se entendermos por isso uma igualdade de valor. Mas simplesmente que a hierarquia que os distingue não é de ordem política ou jurídica. Há gênios e imbecis, e toda sorte de graus intermediários entre eles. Admiremos uns, suportemos os outros. Mas querer que os gênios comandem os imbecis, ou os dominem, é confundir grandeza natural e grandeza de estabelecimento (Pascal). O poder está do lado do estabelecimento; aliás, é por isso que pode ser mudado.

Assim, o elitismo não tem nada a ver com o aristocratismo. Admirar os homens ou as mulheres admiráveis, tomá-los como modelo é elitismo. É a menor das coisas.
Querer lhes dar o poder (aristocratismo) é besteira. Pascal diria: ridículo.

Todos os homens são iguais em direitos: daí a democracia. Eles são desiguais em valor: daí o elitismo.
Confundir as duas coisas ou é demagogia (extensão da igualdade democrática aos juízos de valor: todos os homens se equivalem), ou aristocratismo (extensão do elitismo aos problemas políticos: abaixo os medíocres, o poder aos espíritos superiores!). Uma coisa e outra igualmente ridículas e igualmente perigosas.

O aristocratismo está para o elitismo assim como a demagogia está para a democracia: sua aplicação fora da sua ordem – seu ridículo.

Mas de onde provém que todos os homens, embora desiguais em valor, sejam iguais em direito? Da moral – ou da história, o que dá na mesma.

*

Limites do político.

A categoria dos chatos e dos imbecis não é uma classe social.

*

"A humanidade só formula os problemas que é capaz de resolver", dizia Marx. Há marxistas que preferem formular apenas os problemas já resolvidos (por Marx ou Lênin!). Isso se chama dogmatismo.

*

Marx, Freud: pensamentos totalizantes.
Totalitários? Não, a não ser que lidos de maneira redutora. Tudo é político, claro; mas a política não é tudo. Tudo é sexual; mas o sexo não é tudo.
Por exemplo: a política não se reduz ao sexo (a luta de classes não é um avatar do complexo de Édipo), nem o sexo à política (ele não é nem de direita nem de esquerda). Tampouco um ou outro, ou a mistura dos dois, dá seu sentido último à filosofia – que não pode ser simplesmente, apesar de Althusser, "luta de classe na teoria". De modo que Marx e Freud se limitam mutuamente (é o que marxistas e psicanalistas têm dificuldade de aceitar) e deixam lugar para o ilimitado.
Totalizar sem totalitarismo: compreender sem reduzir.

*

Pode-se falar de progresso; o passado autoriza isso e é uma opção para o futuro. Como, caso contrário, ser progressista? Mas isso vale para as sociedades, não para os indivíduos. A cada nascimento, tudo recomeça – e recomeça do zero, ou antes, da natureza. Os recém-nascidos de hoje são os mesmos da Idade Média. E tudo se acaba com cada morte. Caso contrário, como o homem, que nasce e que morre, progrediria?

Ou antes: o progresso dos indivíduos só se dá no singular. Cada indivíduo progride – ou não – ao longo da sua vida, depois morre. E os outros, idem. Tudo está sempre recomeçando. Não há transmissão hereditária dos caracteres adquiridos: não se educa o DNA. Por isso a filosofia só deve propor objetivos na escala de uma existência. Nossa sabedoria não é feita para nossos netos.

Toda aposta em gerações futuras é, nisso, ilusória e, muitas vezes, bem próxima da mistificação. A felicidade não espera. É o que faz com que Nietzsche esteja errado. O homem não é uma ponte, ou é uma ponte que leva apenas a ele mesmo.

A filosofia é impaciência. O que ela visa não se transmite, nem nos genes, nem nas contas bancárias, nem nas leis ou nas patentes de inventos, nem mesmo nos museus ou nas bibliotecas. A felicidade não se lega, inventa-se. É questão de solidão. A sociedade será bela daqui a dois mil anos? Talvez. Mas não haverá, jamais, sociedade de sábios. Não haverá, jamais, super-homens. Inútil portanto esperá-los, e infrutífero prepará-los. Transmitamos o que pode ser transmitido: a Terra, a vida, a cultura. Para que a sociedade seja bela, se isso for possível, daqui a dois mil anos. Mas sejamos felizes – hoje.

*

Marx anunciava: "socialismo ou barbárie". E eis que a barbárie se torna cada vez mais seriamente concebível.

Não é razão para deixar de ser marxista.

*

Fazer política: submeter-se ao grupo. Não há política individual. Só podemos escolher nosso grupo, e isso também é verdade para os que rejeitam todos os grupos. Estes formam um outro, ou vários, assim como quem "não faz política" a faz porém a seu modo, mediante essa própria recusa. Só podemos escolher nossa submissão (o próprio chefe se submete: senão, não seria chefe), e a política é, por isso, mestra de humildade.

E depois compreender o seguinte: que a sociedade é desarrazoada – toda sociedade. Racional, como tudo o que existe, mas desarrazoada. É inclusive por ser racional que ela não pode deixar de ser desarrazoada. É o desejo, mostra Espinosa, e não a razão, que é "a essência do homem". Por isso as paixões são mais fortes, em quase todos, do que a moral ou os argumentos. Uma sociedade ideal seria irracional. A utopia é loucura: o ideal não existe.

Não é razão para não agir. A maioria dos problemas sociais não tem solução correta. Mas eles têm soluções menos erradas do que outras. Toda sociedade é desarrazoada, mas nem todas as desrazões se equivalem. Por exemplo, uma democracia não é o reino da razão; mas ela é menos desarrazoada, quase sempre, do que uma ditadura.

Não há política individual, e não há indivíduo sem política. O melhor grupo é o menos ruim. E temos até o direito de nos enganar – ou de mudar de opinião.

*

VII

"A alma é uma parte do corpo."

Lucrécio

"O contentamento consigo é na realidade o objeto supremo da nossa esperança."

Espinosa

"O que é o eu?", pergunta Pascal. E constata que não se pode responder, nem para si nem para os outros: "Nunca amamos ninguém, somente qualidades." É que o eu é múltiplo, mutável, inefável: o que sou para determinada pessoa, para outra, para mim mesmo, em tal época. Em tal outra... Pluralidade indefinida dos "eus", no tempo e no espaço. E por que privilegiar este em vez daquele?

O que é portanto o eu? Talvez a soma dos diferentes indivíduos que sou? E se fosse, ao contrário, a subtração deles – seu resto?

Nesse caso, o eu não seria verdadeiramente grande coisa.

*

O que é o eu? Nada mais talvez que uma pessoa gramatical?

Aquele que se calou porém sob tortura: eis um nada singularmente presente. Tenaz. O que sou? O que se cala, responde o herói – o *nada* do meu silêncio.

Podem me impedir de falar, muito facilmente: uma mordaça, uma bala na cabeça... Alguns mostraram que ninguém podia impedi-los de se calar. O fato de que eu talvez seja incapaz disso não me autoriza a fazer como se isso não tivesse existido. O silêncio, propriedade inalienável do eu, até mesmo na sua morte.

O mesmo se dá na vida cotidiana. O que sou de mais íntimo é o que não digo a ninguém, e que aliás eu seria incapaz de formular exatamente. Sou o lugar do meu silêncio.
Taceo ergo sum.

*

Perdemos a evidência do *cogito*. Ao contrário de Descartes, não é do mundo que duvidamos; é de nós mesmos. Qual é esse "eu" que pensa? Ou o que é que pensa através dele? *Eu é vários* outros. "No entanto, existo", escreve Claude Lévi-Strauss. E acrescenta:

> "Não, decerto, como indivíduo; porque o que sou sob esse aspecto, senão o objeto a todo instante questionado da luta entre uma outra sociedade, formada por alguns bilhões de células nervosas abrigadas sob o cupinzeiro do crânio, e meu corpo, que lhe serve de robô?... O eu não é apenas odiável: ele não tem lugar entre um *nós* e um *nada*. E, se é por esse *nós* que finalmente opto, embora ele se reduza a uma aparência, é porque, a não ser que eu me destrua – ato que suprimiria as condições da opção –, só tenho uma opção possível entre essa aparência e nada."

Em suma, aqui como alhures, é preciso optar pela dificuldade. Porque (Leibniz) "o *nada* é mais simples e mais fácil do que *qualquer coisa*".

Isso, todavia, não basta. Porque também: ninguém (ou todo o mundo, ou qualquer um) é mais simples e mais fácil que... eu. Escolher o difícil, aqui, é ir até o extremo de si – não ser qualquer um.

Eu é vários outros; isso não me dispensa de ser eu.

Esse eu não é nada? Justamente. O *eu* que me interessa é aquele que não existe mas que deve *advir*, como diz Freud (*"Wo es war, soll ich werden"*) – aquele que dificilmente invento. Minha alma, se vocês preferirem. Porque, diz Char, "Você fará da alma que não existe um homem melhor do que ela".

*

Alain: "Não há alma vil; mas só que carecemos de alma. Essa bela palavra não designa de forma alguma um ser, mas sempre uma ação." Uma ação... de quem? Por definição: do corpo. Por conseguinte, se "a alma é o que recusa o corpo", como diz ainda Alain, é porque o corpo se recusa a si mesmo. Contradição? Justamente. A *alma* das coisas, escreve Hegel, é a contradição.

*

Alain: "O epicurismo, muitas vezes reduzido ao mais baixo egoísmo, é um materialismo voluntário, que tem como fim curar as superstições, as ilusões, enfim todas as loucuras apaixonadas, o que deixa na alma os verdadeiros bens, o próprio saber, a paz consigo e a amizade."

Não se pode dizer melhor, e o egoísmo de Epicuro de fato não é baixo: é um egoísmo do alto – um egoísmo da alma.

"De todos os bens que a sabedoria nos proporciona para a felicidade da nossa vida", dizia Epicuro, "o da amizade é de longe o maior." Mesmo para o sábio, é difícil ser feliz sozinho. O egoísmo da alma é cultivado conjuntamente. O amor se enriquece com o amor aos outros: prefiro ser amado por vocês, meus amigos, e mais ainda amar vocês!

Os amigos dos meus amigos são meus amigos. Sou portanto meu próprio amigo – pela amizade que tenho por vocês!

*

Pascal, falando do cristianismo: "Nenhuma outra religião propôs se odiar." Mas, se se deve amar o próximo como a si mesmo, como se odiar? E por quê?

Em outro ponto, Pascal diz do homem: "Que ele se odeie, que ele se ame." Nesse caso, por que não tenho o direito de fazer a mesma coisa com meu próximo?

"O eu é odiável." Como amar, então, esse *eu* que me chama de *tu*: meu amigo, meu amor? Pascal responde: "Deve-se amar somente a Deus e odiar somente a si." Bela doutrina, de fato!

Pascal ainda: "Não podemos amar o que está fora de nós." Tristeza, tristeza...

Espinosa, ao contrário: "O amor é uma alegria acompanhada da ideia de uma causa exterior." Não pode portanto haver amor a si (um amor acompanhado da ideia de uma causa *interior*)? Pode sim. Espinosa o chama de "contentamento de si", que é "uma alegria nascida daquilo que o homem considera a si mesmo e sua potência de agir".

Esse amor a si é o próprio estado do sábio, que "não cessa nunca de ser e possui o verdadeiro contentamento". Espinosa contra Pascal. A sabedoria contra a religião.

Quanto ao ódio de si: tristeza. Sob duas formas diferentes: *humildade* ("uma tristeza nascida do que o homem considera sua impotência ou sua fraqueza") ou *arrependimento* ("uma tristeza acompanhada da ideia de uma coisa que cremos ter feito por um livre decreto da alma").

Duas tristezas bem cristãs; mas o que seria do cristianismo sem a tristeza?

Ao "amar somente a Deus e odiar somente a si" de Pascal, Espinosa responde: todo ódio é ruim; é preciso amar tudo, os homens, as coisas e a si – isto é, Deus, que é tudo. Esse amor é "uma parte infinita do amor infinito com que Deus ama a si mesmo". Isso só tem sentido metafórico (já que "Deus não tem, propriamente falando, amor nem ódio por ninguém"), mas diz alguma coisa sobre o que sentimos quando amamos – como que uma participação feliz na felicidade de existir. Meu amor: a alegria infinita do universo, na medida em que está em mim como estou nele.

Essa metáfora é do homem, não de Deus. E é o que faz de Deus uma metáfora.

A forma mais elevada desse amor é o amor intelectual, isto é, que nasce da razão – o único amor que é livre. É o amor verdadeiro ao verdadeiro. Ele não exige "a redução dos nossos apetites sexuais", mas a possibilita. Assim, podemos serenamente, como diz Alain, "desfrutar da felicidade de pensar", que é esse amor mesmo. No que Espinosa se junta a Epicuro.

E tudo mais é tristeza.

*

Alguém que se orgulha da sua beleza nos choca: porque não é ele o responsável por ela. Como alguém pode se gabar do acaso? Quem tem orgulho da sua inteligência também não fez por merecê-la. Nem, finalmente, o herói de sua coragem, nem o santo de sua bondade, nem mesmo o sábio de sua sabedoria. Essas últimas qualidades são uma questão de vontade? Que seja. Mas ninguém escolhe a sua vontade – já que é a vontade que escolhe.

Em suma: ninguém se escolhe. Ninguém faz por se merecer. Recebe-se o dom – injustificado, injustificável – de si. Pouco importa então de onde venho, o que me fez o que sou: a hereditariedade ou a educação, o acaso ou a sociedade, Deus ou meus pais, o mundo ou a história... Alguma coisa em todo caso me fez, alguma coisa que não sou eu (e que são tanto menos eu quanto mais numerosas essas coisas). Sou efeito antes de ser causa. Sou o que me fizeram, antes de fazer o que sou.

Quer isso dizer que a essência precede a existência? De jeito nenhum. Porque o que sou não é uma essência (eterna, imutável...), mas o produto determinado de uma história. Nem essencialismo, portanto, nem existencialismo. A essência e a existência são apenas as duas faces de uma mesma moeda, que não é o sujeito mas a história que o produz e de que ele faz parte (um processo "sem sujeito nem fim"). O homem não é "um império dentro de um império". Ele escolhe, claro, mas não poderia escolher o sujeito que escolhe.

É nisso que todo orgulho é injustificado. Ainda que o orgulhoso só ame em si as qualidades que efetivamente possui, mesmo assim ele se engana acrescentando a seus méritos reais o mérito ilusório de as ter merecido. O orgulhoso é um efeito que se toma por sua causa – como um carvalho que se orgulhasse de ser carvalho, em vez de alfena ou matinho rasteiro! O carvalho não é responsável por sê-lo. O orgulhoso também não.

Espinosa tem razão portanto quando escreve que "o orgulho consiste em considerar a si mesmo, por amor, mais do que é justo". É uma alegria, mas cega. Quem acredita fazer por merecer o que é, já se considera demais. A modéstia do sábio não é nem humildade (tristeza) nem orgulho (alegria ilusória, logo frágil). Simplesmente: ele sabe o que é a necessidade.

O carvalho pode muito bem extrair alegria da consideração da sua potência (que é de fato grande e supera a da hastezinha de capim). Assim, quem é bonito tem razão de se alegrar com isso, mas não tem razão de se orgulhar. Quem é inteligente, idem, assim como o sábio se alegra com sua sabedoria – mas dela não se gaba. É uma alegria sem orgulho, sem ilusões, sem vaidade. Ela não é mais triste por isso, muito pelo contrário. Ela é ainda mais serenamente e definitivamente alegre!

Quem compreendeu a ideia de necessidade gosta mais de si mesmo. Mas não se admira mais.

*

"A filosofia é uma interpretação do corpo, um mal-entendido sobre o corpo", diz Nietzsche.

Interprete o corpo sem mal-entendido: é o materialismo. Ainda é uma filosofia, mas uma filosofia do corpo – bem entendido!

Esse "bem-entendido" não é a evidência primeira. O mal-entendido sempre é primeiro. O animismo (*anima*: alma) é anterior ao materialismo. Por isso o materialismo sempre é polêmico: o corpo luta para se fazer ouvir.

Isso não quer dizer que seja necessário deixar-lhe a palavra permanentemente. No silêncio do corpo, outra coisa fala: a razão do corpo, que está nele mas o supera. Só é ouvida quando o corpo se cala.

E quando a razão se cala? Só resta o corpo e o mundo: só resta a verdade, como um duplo silêncio que seria o universo. (A saúde, silêncio dos órgãos; a sabedoria, silêncio do espírito.)

É onde o materialismo é diferente e melhor que uma hermenêutica do corpo. O corpo, é claro, não é um corpo que se ouve.

*

Amor-próprio: "É um amor infeliz", escreve Alain, com razão. Quando ele é feliz: amor a si. Consumado: sabedoria.

O amor a si é uma virtude: é que ele é uma alegria e inclui o amor a tudo o que existe. Para designá-lo, pode-se tomar emprestada de Stendhal a palavra *egotismo* [*égotisme*], que supõe um olhar sem complacência sobre si, e a vontade de melhorar (não "o culto do eu", observa um dos seus biógrafos, mas "a cultura de si"). O egoísmo, ao contrário, é um mal: inclui o desprezo a tudo o que não é si – e todo desprezo é tristeza.

Alain de novo; definição do egoísmo: "É um pensamento preso na fronteira do corpo. Se o egoísmo velasse pela alma, a fim de afastar dela as afeições vergonhosas, as covardias, os erros e os vícios, o egoísmo seria uma virtude. Mas o uso proíbe que se estenda o sentido dessa palavra." Que seja. Digamos então: *egotismo*.

Olhemos em torno de nós: tudo nos conduz ao egoísmo. Cada um de nós tende a ser, segundo a evocativa expressão de Michel Bouquet, "o rei da sua própria bunda"[1]. É de temer uma civilização do egoísmo e da covardia – o que é a mesma coisa e o nada da civilização, como uma barbárie frouxa (pelo menos no início) e satisfeita.

Porque, como dizia Lagneau:

"O mal é o egoísmo, que no fundo é covardia. A covardia por sua vez tem duas faces, busca do prazer e fuga do esforço. Agir é combatê-la. Qualquer outra ação é ilusória e se destrói. Fôssemos sozinhos no mundo, não tivéssemos mais ninguém nem nada a quem nos dar, a lei continuaria sendo a mesma e viver realmente seria sempre se dar ao trabalho de viver.

Mas devemos nos dar a esse trabalho e fazer a nossa vida em vez de nos submeter a ela? Não é da inteligência que a questão depende: somos livres e, nesse sentido, o ceticismo é verdadeiro. Mas responder não é tornar ininteligíveis o mundo e si mesmo, é decretar o caos e estabelecê-lo em si primeiramente. Ora, o caos não é nada. Ser ou não ser, si mesmo e todas as coisas, é preciso escolher."

O egotista opta por ser. O egoísta não: contenta-se com ter.

O sábio é um egotista que deu certo.
Por mais razão ou mais coragem? As duas coisas. Stendhal, aqui também, encontrou as palavras justas: "A razão não é corajosa? Caso contrário seria razão?"

---

[1]. Entrevista publicada em *Le Monde*, 19 de outubro de 1978: "A civilização narcisista, é isso que chamo tornar-se rei da sua própria bunda." É o mesmo Michel Bouquet que, convidado num programa de rádio a criar seu "concerto egoísta", isto é, a apresentar suas músicas prediletas, escolhe só programar Mozart, e falou tão bem dele! Tudo se relaciona. Mozart é, com Bach, o menos narcisista dos grandes compositores.

A filosofia é a coragem da razão. A sabedoria: seu triunfo (a coragem recompensada e que não dá a menor importância a isso).

*

Há dias horríveis, em que a felicidade parece impossível. Que seja.
E há dias maravilhosos, em que a felicidade é evidente. Que seja.
Mas afinal: não é todos os dias que vemos nossa casa pegar fogo, que descobrimos uma doença incurável ou que perdemos nosso melhor amigo.
Também não é todos os dias que vivemos os primeiros dias de um amor.
Nove em cada dez dias que vivemos são dias médios. Mas aí é que está: esses dias objetivamente médios, nós os vivemos subjetivamente como medíocres. Somos infelizes por não sermos felizes. É o purgatório, mas sem saída. Fazemos assim o inferno que merecemos.
O paraíso? Seria o inverso: ser feliz por não ser infeliz. Não um paraíso, portanto, mas uma felicidade relativa e real: a felicidade de todos os dias, a felicidade cotidiana.
Essa felicidade, não obstante o que pense Schopenhauer, não seria negativa: ela tem a seu favor a positividade de ser e de amar o que existe. Os gregos chamavam-na de *ataraxía*, ausência de perturbações. A palavra é negativa, a realidade não. A perturbação é que é negativa. Vencê-la é afirmar uma potência positiva, que pode resistir a tudo, no sábio, inclusive ao pior (o touro de Fálaris). Não chegamos a esse ponto. É melhor se iniciar em tempos menos perturbados, isto é, nos dias... médios. Porque a tarefa é difícil, e a felicidade, urgente.

A ataraxia é a paz da alma. Ela serve também para a guerra. Mas é imprudente quem aguarda as primeiras bombas.

*

"O princípio e a raiz de todo bem é o prazer do estômago", ensinava Epicuro. Isso não quer dizer que devamos nos limitar a ele, nem que os prazeres da alma não lhe sejam superiores. O alto vem do baixo, mas não se reduz a ele. Os alicerces não são a casa toda nem sua parte mais bonita. É louco quem vive no porão.

O mesmo: "O prazer é o começo e o fim da vida feliz." É verdade; mas de um a outro, do começo ao fim, já não se trata do mesmo prazer. A filosofia nos leva de um prazer (o do estômago) a outro (o da alma: a filosofia, a amizade, a sabedoria).

Podemos desfrutar como animais e ser felizes como deuses. E não é preciso escolher entre esses dois prazeres: ambos nos são dados. Mas um: pela natureza. O outro: pela filosofia.

A natureza animal, em Epicuro, se diviniza: "*deus ille fuit, deus...*", cantava Lucrécio. Com uma diferença, a morte – o que não é nada.

*

"Estou entre mim e mim", escreve Paul Valéry. Isso fornece uma das chaves do personagem, como que um dualismo que não cessaria de tropeçar em sua própria impossibilidade. Desdobramento do ser, separação do corpo e do espírito, vividos sob o signo de Eros (Narciso: "Só tu, ó meu corpo, meu querido corpo, / Eu te amo...") ou sob o de Tânatos (Monsieur Teste: "Ele havia matado minha marionete..."). Valéry confessa tranquilamente: "Eu me detestei, eu me adorei; depois envelhecemos juntos." O sujeito valeriano é dilacerado, ou antes, distendido: "No extremo do espírito, o corpo; mas no extremo do corpo, o espírito." Daí um efeito de espelho:

"– Quem está aí?
– Eu.
– *Eu* quem?
– Você."

E até na morte: "Adeus, diz o moribundo ao espelho que lhe oferecem, não nos veremos mais..." O *eu* segundo Valéry é um eu platônico, em determinado momento da dialética ascendente: amor a um belo corpo (o seu: "Ó meu corpo, meu querido corpo...", diz Narciso); amor a uma bela alma (a sua: "Confesso que faço do meu espírito um ídolo", reconhece Monsieur Teste). É o *Banquete* com um só personagem: Sócrates e Alcibíades, Teste e Narciso, dois em um, que seria seu autor, um em dois... Por isso ainda é religião, mas sem salvação possível: "Ó meu corpo, meu querido corpo, templo que me separas / Da minha divindade!" É a armadilha soberana, devido à qual Narciso não é Epicuro – nem Monsieur Teste, Espinosa. A pueril e irritante ingenuidade dos dois está também nessa recusa do corpo (essa recusa de *ser* seu corpo), de que no fim das contas só representam a forma mais fina, mais preciosamente inteligente. Eles ajudam assim a conceber o que poderia ser a sabedoria – depois a compreender o que ela não é. Aliás, Narciso chora; e Monsieur Teste confessa: "Que tentação, porém, a morte!" Alcibíades e Sócrates; *O banquete*... depois *Fédon*.

*

Não há sabedoria sem felicidade – e não há felicidade sem amor a si. Narciso então é sábio? Não, porque ele se ama com um amor infeliz. Ele se ama *loucamente*.

Para se amar é preciso se conhecer. Narciso, prisioneiro de si, não ama a si, mas a seu reflexo, seu duplo fantasístico. Ele não se conhece; se admira. Ele não se ama; se deseja. O amor que o define é infeliz porque ilusório: *"Ai! a imagem é vã e o pranto, eterno!"* (Valéry).

O sábio, ao contrário, que se conhece mas não se admira (ele se conhece bem demais para isso!), ama-se com um amor sem desejo e sem ilusões. Ele se ama, mas não é um amor a si. Seu desejo é de alteridade. Sua paixão tem outras asas.

O sábio é o anti-Narciso. Não o imaginemos porém pascaliano! Ele, que não odeia nada, como iria odiar a si mesmo? O anti-Narciso é Narciso feliz.

O ódio a si conduz à religião: *Não me buscarias se já não estivesses perdido...* Mas uma certa forma de amor a si *é* religião: Narciso é o sacerdote do seu umbigo.

O narcisismo é a religião das almas pequenas. Cada um tem o Deus que pode... É o ópio dos imbecis.

O sábio está curado dessas duas religiões: ele se encontrou e, com isso, se libertou de si (todo conhecimento é libertação: o "conhece a ti mesmo" de Sócrates é o contrário do egoísmo). Nem Pascal nem Narciso: ele pode se amar serenamente.

E portanto, liberado de todos os deuses, amar também os outros. Narciso curado (curado de si), Eco se adianta...

*

As imagens nos tornam sempre infelizes, pela impossibilidade que temos de possuí-las, bem como de vencê-las. Vejam Narciso ou Dom Quixote... E temos razão de temer os fantasmas, justamente porque não existem.

*

Simpatizo com Narciso. Arranjo mil desculpas para ele. Primeiro por ter sido tão belo. Qual de nós resistiria a isso? Depois o seguinte: se ele tivesse sido amado por alguém que não ele, apaixonadamente, totalmente, absolutamente amado, como sonhamos ser aos dezesseis anos, ele não teria precisado, para compensar essa carência, essa falta insuportável de amor, se amar tanto... Sei que houve as ninfas. Mas isso é o que conta a lenda. Ou pode ser que elas tenham vindo tarde demais, ou não tenham sabido se fazer ouvir. Ou elas não o amavam de verdade, nem mesmo Eco, ou não o bastante. Houve tantos amores falsos, amores egoístas ou fingidos... Todo narcisismo talvez seja de consolação.

Vocês dirão: "Mas *quem* é amado assim, absolutamente amado, como sonhava aos dezesseis anos?" Ninguém, claro. E assim somos todos Narciso. Menos belos.

*

Há dias em que temos tanta consciência, tão clara consciência de não sermos nada... que já não sofremos com isso. Dias benditos de indiferença! No entanto, na maioria das vezes temos dificuldade em nos resignar a isso e, acreditando ser alguma coisa, nos espantamos em ser tão pouco.

A ilusão não está no *tão pouco*, mas no *alguma coisa*.

*

Édipo é que fura os próprios olhos, não Narciso. Podemos lamentá-lo. Porque Édipo não ganha nada com isso, salvo a tristeza vã de uma "punição" imerecida. Ele é vítima dos deuses, até o fim... Ao passo que Narciso teria ganhado um mundo e, antes de mais nada, poderia ter enfim amado a si mesmo, de verdade, e não mais seu duplo, seu inacessível reflexo. Vá lá que amasse seu corpo, isto é, a parte menos interessante dele, qualquer que fosse sua beleza. Mas sua imagem! Pobre Narciso, idólatra de si mesmo, e vítima, como Édipo, de seus fantasmas...

Narciso cego era Narciso curado – Narciso libertado de si! Narciso feliz! E livre enfim de cantar, como Homero ou Demócrito (ambos cegos, a crer na tradição), a beleza do mundo e o riso dos deuses!

Narciso cego, amando o mundo e a si mesmo... Eis o que seria um sábio. O velho Demócrito dá uma ideia disso, ele que ria sem cessar em sua noite... Mas não basta furar os próprios olhos.

*

ZOO

A experiência de sentir os próprios limites é cruel para cada um de nós, mas necessária. Não sairemos da nossa jaula; mas temos de saber que estamos presos. Como as feras tristes, perambulamos atrás das nossas grades.

E nem temos público. Daí a glória, o sonho dos macacos.

*

Sabedoria. Resignar-se a não ser nada. E depois resignar-se a ser si.

*

Solidão. Como uma morte antecipada. Isso vale para você também.

Acostume-se a pensar que a sua morte não mudará nada – que você tem importância apenas imaginária. Todo o mundo pode prescindir de você; você em primeiro lugar.

Deixe a sua alma sem herdeiros.

*

A primeira regra: não mentir.

Nem sempre podemos dizer a verdade. Acontece-nos ignorá-la, e também nem sempre há uma *verdade* a dizer (por exemplo, quando se trata de opinião ou de gosto). Mas é sobretudo então que não se deve mentir: porque essa mentira não teria perdão. Dizer que dois e dois são cinco não seria tão grave.

Os grandes artistas são os que não mentem (Rembrandt, Velázquez), ou só são grandes em seus momentos de verdade (Delacroix). Um artista que mente já não é um artista: é um esteta. Um filósofo que mente: um sofista. Um político que mente: um demagogo.

E quando toda a sociedade mente...

E antes de tudo: *não mentir para si.*
O resto virá de quebra.

*

VIII

"Os homens imaginam ser livres."

ESPINOSA

"Portanto o objetivo do Estado é, na realidade, a liberdade."

ESPINOSA

Quem, desde o início, está contente consigo não necessita de filosofia. Tampouco quem, apesar de descontente, renuncia a mudar. Decidir filosofar (sim, isso se decide: basta querer) é sempre recusar o fatalismo de seu caráter, de seu temperamento, das suas angústias, do seu inconsciente, das suas paixões – do seu corpo. Esse corpo sou eu. Filosofar é não se resignar a si, ou não completamente. Não se aceitar como destino.

(O filósofo e o artista coincidem nisso: trata-se sempre de seguir sua inclinação. Mas o artista cria fora de si. É filósofo, ao contrário, quem cria a si mesmo, isto é, se transforma – que quer ser sua própria obra-prima. Por isso só de quebra deixa uma obra, e nem sempre. Assim: Sócrates, Pirro ou Buda.

Quanto ao mais, vê-se que a arte e a filosofia não são incompatíveis num mesmo indivíduo. Em princípio.)

A filosofia também é, portanto, uma questão de vontade. Não é filósofo quem deseja ser, mas quem quer ser. A diferença? A ação. A vontade é um desejo em ato; o desejo, uma vontade em potência.

Por isso não temos a vontade que desejamos, mas a que queremos. Parece-me que isso se entende – por definição.

Daí decorre que nem todos podem ser sábios (com o que Epicuro e Espinosa estão de acordo), nem mesmo filósofos. Nem todo o mundo é capaz de querer sê-lo.

*

Afirmações atribuídas a Freud: que somos todos doentes, todos neuróticos, que o homem é obscuro, opaco, contraditório, que o inconsciente comanda, não a vontade, que o desejo nos governa, não a razão... Sem dúvida, é um dos aspectos da psicanálise, e aliás tudo isso é verdade, pelo menos em parte. Mas, afinal, Freud constantemente afirma o contrário também, isto é, dialeticamente, a outra vertente da verdade: que a saúde é possível, que podemos nos curar de uma neurose, que o ser humano pode sair da sua noite, conhecer pelo menos em parte seu inconsciente, que ele é capaz de razão e de vontade, que ele pode, satisfazendo-o ou não, dominar seu desejo ou sublimá-lo... Esse teórico da noite é um prático do esclarecimento ou, como se diria em sua língua, da *Aufklärung*. "É em plena luz que triunfamos sobre o desejo", ele escreve.

E daquele que propõe o triunfo luminoso (ou lúcido, é a mesma palavra) faz-se o para-vento de todas as derrotas, a desculpa para todas as covardias! Ele fala de vitória, de cura, de libertação, e o eco responde: todos doentes, todos doentes...

Freud só é o teórico da doença para ser o prático da cura. Se a doença for real, a cura será possível. A noite é dada. A luz: podemos lançá-la. Prometeu não roubou o fogo. Ele o inventou.

A luz aqui é a libertação. Curar alguém é libertar esse alguém: restituir-lhe a razão, que não é de ninguém, e sua vontade, que é só sua (restituir-lhe o universal e si mesmo). Lucidez e saúde andam juntas. Quando o desejo é trazido à plena luz da consciência, como diz Freud, tudo o que o analista pode fazer é deixar o paciente querer – ou não – satisfazê-lo. O paciente curado é aquele que cessa de padecer para agir. Freud aqui não está tão longe assim de Descartes, e muito próximo de Espinosa. Em suma: luminoso. Como toda verdade, inclusive sobre o mais sombrio, é luz.

Dir-se-á: isso já não é psicanálise. Mas o próprio Freud disse: o que interessa a ele, para além da psicanálise, é a filosofia. A nós também.

*

Um pensamento correto pode ter efeitos nefastos. Assim, a negação do livre-arbítrio em Espinosa, Nietzsche, Marx e Freud (que, neles, era lucidez e coragem) serve hoje de caução teórica para a generalização da frouxidão e da covardia. Cada um vê em seu corpo, na sociedade, em sua infância ou em seu inconsciente as desculpas prontas de que necessita para suportar suas próprias baixezas. "Sou um covarde, mas não é minha culpa: quando eu era criança..." Esse narcisismo indulgente e miserabilista se alimenta da demagogia ambiente. Ele tende a substituir, à esquerda, a hipocrisia da direita. Esquematizemos: o canalha de direita se considera uma pessoa decente, ou quer assim parecer; o de esquerda se reconhece como tal, mas facilmente se perdoa: "Nesta sociedade..., com a infância que tive, meu Édipo, minha neurose..." A consciência pesada substitui a má-fé, mas, ao desculpar tudo, dá na mesma: minha falta confessada é tanto mais perdoada se eu não tiver tido a liberdade de não cometê-la. Não há livre-arbítrio, não sou responsável. Logo: inocente, mesmo quando sou culpado! Não se detém o progresso, principalmente entre os progressistas.

Parece assim que a negação do livre-arbítrio destrói a moral dando-a por ilusória, portanto abole até a própria ideia de uma hierarquia ética.

Queremos mostrar que não é assim.

Exemplo. Fulano é um covarde. É culpa dele? Não. Nem por isso ele deixa de ser covarde. Mesma coisa no caso do cego: não é culpa dele se ele não enxerga; mas ele é cego. Mesma coisa no caso da inteligência: o imbecil não opta por sê-lo; mas isso não o torna mais inteligente. Mesma coisa no caso da beleza: quem é feio também não o é por sua culpa; isso não quer dizer que ele seja bonito. Chamo de *frouxidão* a feiura que sorri para si mesma no espelho.

"Mas, se o assassino não teve a liberdade de matar, não posso lhe querer nenhum mal, nem puni-lo, portanto?" Querer mal, não – por isso no fundo nenhum ódio se justifica. Também é ilusório todo castigo que pretenda restabelecer uma justiça mítica (ele matou; é justo matá-lo...). Mas a sociedade tem o direito de se defender. Nisso, Espinosa tem a clareza fria da evidência: "Quem pega raiva por ter sido mordido por um cão, deve ser desculpado, é bem verdade, e no entanto temos o direito de estrangulá-lo."

Espinosa: "Os homens maus não são menos temíveis, nem menos perniciosos, por serem necessariamente maus."

Mas eles são menos odiáveis. Assim, podemos combatê-los sem odiá-los: sem ficar tristes por combatê-los (já que o ódio é uma tristeza). Amar seus inimigos supõe tê-los. Não é cessar o combate; é combatê-los alegremente.

No entanto, dizia eu, é filósofo *quem quer*. Certo. Mas vontade não é livre-arbítrio. O livre-arbítrio supõe uma contingência, isto é, uma exceção no mundo da necessidade ou do determinismo, um efeito sem causa, o que é inconcebível. "O homem não é um império dentro de um império", como diz Espinosa; ele não escapa da necessidade – e só se crê livre pela ignorância das causas que o fazem desejar, querer e agir.

Assim, a virtude é uma questão de vontade: é sincero quem quer, honesto quem quer, corajoso quem quer. Ninguém mente, nem rouba, nem foge sem querer. Mas isso não depende do livre-arbítrio: uma pessoa mente, rouba, foge em razão do (determinada pelo) que ela é. A vontade é o efeito, não a causa, do meu ser. Por isso se fala de uma vontade *determinada*, e o duplo sentido do adjetivo é bem revelador. Uma vontade sem causa, como seria resoluta?

É filósofo quem quer, portanto, isto é, quem está *determinado a querer ser...* com determinação. Ninguém se torna sábio por acaso, nem por capricho.

Crer no livre-arbítrio é crer que posso escolher a mim mesmo, sem ser determinado a isso por nada. É fazer como se eu não fosse nada (um nada, diz Sartre) ou como se eu fosse Deus – que não é.

Sou o que quero: sincero, honesto, corajoso (ou mentiroso, ladrão, covarde...), porque *quero* ser. Mas por que quero? Porque sou. Sou o que quero; quero o que sou. É o círculo do eu, do qual toda vontade é prisioneira. Somente a razão, que não é ninguém, escapa dele.

O livre-arbítrio não explica nada: é apenas um nome dado à ignorância. Recusar-se a crer nele é aceitar conhecer e explicar. Assim as ciências humanas se tornam possíveis (Marx, Freud, Durkheim...). Isso não suprime a moral (quem poderia suprimi-la? ela também não depende de um livre decreto!), mas cala os misantropos e os censores da "natureza humana", os que "buscam a causa da impotência e da inconstância humanas", escreve Espinosa, "não na potência comum da natureza, mas em algum vício da natureza humana, e, por essa razão, choram por ela, a repreendem, a desprezam ou, com maior frequência, a detestam...".

O livre-arbítrio, preconceito dos misantropos e dos carcereiros. A necessidade, ao contrário, leva à misericórdia... e à prudência.

A natureza humana não existe. Só há a história – que, na moral, julga a si mesma.

O livre-arbítrio supõe que um mesmo indivíduo possa, no mesmo instante, querer duas ações contraditórias. Isso implica que o eu existe independentemente das suas escolhas, aquém delas, e permanece idêntico a si mais além das suas flutuações. O livre-arbítrio decorre, nisso, de uma visão substancialista do eu: a alma como substância. Por isso ele leva à imortalidade e, assim, à religião.

Quem pensa, ao contrário, que o eu não é nada, pelo menos nada de substancial, nada mais que um efeito variável e contraditório de estruturas e de processos diversos (físicos, psíquicos, linguísticos, sociais...), compreende que nenhuma das suas opções é indeterminada, nem portanto absolutamente livre. Chamo de *vontade* a extremidade, sempre única no instante[1], em que essa determinação se resume e se consuma num ato.

Minha alma é minha vontade (portanto meu corpo, mas *em ato*).

"A quem contesta minha liberdade, provo-a temerariamente", dizia Alain. Mas isso não prova nada, ou somente que Alain tem vontade – não que tem a liberdade de ter vontade.

O real é sempre quantitativo: ele é *mais ou menos* o que é. Assim, determinado indivíduo tem muita vontade, outro muito pouca. A vontade é real. Do mesmo modo a inteligência, a bondade, a coragem... Qualidades reais do homem. Mas não se diz que determinado indivíduo tem mais livre-arbítrio que outro. O livre-arbítrio é infinito, diz Descartes, ou não existe. Muito bem: ele não existe.

Descartes tem razão ao escrever que meu livre-arbítrio é formalmente igual ao de Deus. Espinosa concorda, mas esclarece: um e outro são nulos. Deus não produz seus efeitos pela liberdade da vontade, mas pela necessidade da sua natureza. Em mim como em Deus, a contingência não existe: "A vontade não pode ser chamada de causa livre, mas somente de causa necessária." Isso não quer dizer que a vontade não existe, nem que não desempenha nenhum papel, mas, ao contrário, que ela existe e age *necessariamente*.

Diderot: "Qualquer que seja a soma dos elementos de que sou composto, sou uno; ora, uma causa só tem um efeito; sempre fui uma causa una; portanto nunca tive mais que

---

[1]. Quem acredita querer duas coisas contraditórias no mesmo instante se engana. Não *quer* nem uma nem outra: limita-se a desejá-las. Não dou a todos os meus desejos a honra de querê-los. Felizmente.

um efeito a produzir; minha duração é portanto uma sequência de efeitos necessários."

Eu poderia ter agido de outro modo? Claro. Mas eu teria sido outro. O irreal do passado, como dizem os gramáticos, indica aqui o essencial: ele só existe para a imaginação.

O real do presente, que é o real, só conhece a necessidade.

Exemplo. Determinado indivíduo, em determinada circunstância, dá mostras de coragem, de sinceridade, de generosidade; outro, na mesma circunstância (ou o mesmo, em outro momento), mostra-se covarde, hipócrita, egoísta... Suas respectivas escolhas, a cada instante, são ao mesmo tempo voluntárias e necessárias: tais como são, nesse momento, eles não podem agir de modo diferente do que agem (para isso, teriam de ser diferentes do que são: os princípios de identidade e de não contradição se opõem a isso).

Tais como são... Entendam: um sendo superior ao outro. Nossa ética supõe essa hierarquia – e quem nos irá recusá-la[2]? Em compensação, vê-se que essa hierarquia não supõe o livre-arbítrio, mas somente a vontade. Nossa ética é voluntarista. O que você é se revela no que você quer, que exprime o que você é: você *é* o que você *quer*. Assim não há ilusões nem hipocrisia, e tampouco há desculpas. Pare de se iludir, de fingir, de se sonhar outro! Pare de acreditar que você vale mais que seus atos! Eles é que julgam você, não seus sonhos ou seus desejos não consumados.

Você não vale mais que a sua vontade. Você *vale* o que você *quer*.

---

2. No entanto, é uma hierarquia moral; não é portanto um produto social, historicamente determinado. Não o negamos. Mas justamente: levamos a história a sério; portanto, também a moral.

E a liberdade? Ela não é nem o livre-arbítrio (que não existe) nem a vontade. Uma vontade pode ser livre ou não. Assim é o louco: ele quer, mas sua vontade não é livre.

Sigamos novamente Espinosa. A liberdade não é o contrário da necessidade (pois então ela não seria nada), mas um caso particular dela, e o contrário da imposição. É livre o que depende da minha própria necessidade, imposto o que depende de uma outra. Ora, o mais profundo está aqui: a própria vontade pode ser imposta, isto é, depender de uma necessidade que não é a minha. Vejam os loucos, os bêbados e a ideologia.

O livre-arbítrio não existe, mas podemos ser mais livres ou menos livres. E sobretudo: podemos nos *libertar* mais ou nos libertar menos. Não há liberdade absoluta ou infinita; só há um processo, sempre inacabado, de libertação. O homem livre? É o homem libertado. Espinosa o denomina: o sábio.

Essa liberdade do sábio, segundo Espinosa, advém unicamente da razão. O matemático é absolutamente livre, ao mesmo tempo que não tem nenhuma escolha; sua demonstração é toda ela necessária, sem ser em nada imposta (só lhe é imposta por sua razão, que é a parte dele que é livre). Isso explica o *more geometrico* da *Ética*, e mais ainda, talvez, o que pode haver de libertador nas ciências humanas. Marxismo e psicanálise são libertadores somente na medida em que são racionais. Pena que os marxistas e os psicanalistas não o sejam mais!

Ora, as ciências humanas são racionais somente excluindo o livre-arbítrio de seu objeto. A liberdade passa portanto pela recusa do livre-arbítrio. O que Espinosa bem havia mostrado – porque é precisamente o fato de "os homens se imaginarem livres" que os impede de se tornar livres.

O livre-arbítrio, obstáculo epistemológico e ideológico. Somente o conhecimento nos liberta dele.

Não é, porém, que a vontade não sirva para nada! Ela não substitui o conhecimento, mas sem ela nenhum conhecimento seria possível. Isso me traz de volta ao começo. Se filosofar não é resignar-se a si, isso supõe que temos, em nós e contra nós, essa capacidade de revolta, esse poder de nos dizer não; em suma, que temos uma alma, isto é, uma vontade[3]. Eu definiria assim o fato de filosofar: *uso voluntário da razão, racional da vontade.*

Vontade sem razão é loucura. Mas razão sem vontade: ela perdeu sua alma.

*

"Se Deus não existe, tudo é permitido", diz um personagem de Dostoiévski. Não. Porque não me permito tudo.

Se Deus não existe, posso mentir, não ter coragem, ser cruel, matar... Mas nesse caso sou um mentiroso, um covarde, um canalha ou um assassino. Se me recuso a ser isso, não posso nem mentir, nem matar, nem... Tudo depende da ideia que cada um tem de si e da vontade que tem, ou não tem, de corresponder a essa ideia. A fé em si substitui a fé em Deus. Alguém, creio, já disse: se Deus não existe, eu sou Deus.

Simplesmente: um deus mortal. Mas o que isso altera? A ideia de recompensa ou de castigo, a perspectiva do pa-

---

3. Eu deveria dizer: que temos alma, vontade. Porque, no sentido em que falo, essas duas realidades são quantitativas. Cada um a tem, porém a tem mais ou a tem menos. Toda alma é grandeza de alma.

raíso ou do inferno não podem em hipótese alguma fundar a moralidade – pois elas a supõem.

Isso não quer dizer que os valores morais dependem da livre escolha de cada um. O sentimento do dever me prova a exterioridade deles: posso obedecer ou não à lei moral; não posso mudá-la nem suprimi-la. Kant dá a esse respeito exemplos bem claros.

No entanto a lei moral varia, ou o sentimento que temos dela, conforme as épocas e os indivíduos. Para uns, o roubo será uma falta grave; para outros, a propriedade é que será... E a maioria dos kantianos, hoje em dia, diverge de Kant sobre a pena de morte ou a moral sexual. Curiosa *razão pura* que muda com o tempo!

Esse valor moral que se impõe a mim sem no entanto ser eterno, diremos que é histórico. Razão impura, mas razão mesmo assim.

Logo: se Deus não existe, sou deus; mas um deus submetido à história. O orgulho e a humildade se contrabalançam aqui. E esse equilíbrio define muito bem certa ideia que temos da *dignidade*, que exclui a arrogância pretensiosa tanto quanto o rebaixamento de si.

Porque, diz Alain, "não há na moral nada além do sentimento de dignidade". Toda falta é indigna. Com o que a moral abre as portas para o absoluto.

Isso contraria Dostoiévski. Mentir, roubar, estuprar, matar... Não me permito nada disso. Isso não é digno de mim – não é digno da história que me fez o que sou.

Devemos continuar um romance começado por outros, nunca terminado... Temos de estar *à altura*.

*

É Espinosa que enuncia o postulado comum das ciências humanas: "O homem não é um império no império"; mas é, como tudo o que existe na natureza, objetivamente determinado – e por isso cientificamente conhecível (vejam o prefácio da terceira parte da *Ética*). As ciências humanas supõem sempre esse determinismo, logo reduzem na mesma medida o livre-arbítrio – mas para aumentar nossa parte de liberdade.

Por exemplo:
Marx: "Não é a consciência dos homens que determina seu ser; ao contrário, é seu ser social que determina sua consciência."
Freud: "A psicanálise se distingue por sua fé no determinismo da vida psíquica. Esta não tem, a seus olhos, nada de arbitrário nem de fortuito..." A crença no livre-arbítrio é "totalmente anticientífica e deve se apagar diante da reivindicação de um determinismo psíquico".
Durkheim: "A sociologia só podia nascer se a ideia determinista, fortemente estabelecida nas ciências físicas e naturais, fosse enfim estendida à ordem social."
Mauss: "Tudo o que a sociologia postula é simplesmente que os fatos que chamamos de sociais estão na natureza, isto é, são submetidos ao princípio da ordem e do determinismo universais, por conseguinte inteligíveis."

De fato, não há ciência da liberdade: só se podem explicar cientificamente determinismos (nem que seja o, muito estrito, do cálculo das probabilidades). Só é livre o que é inexplicável, logo inconhecível. Ou seja... nada? De modo algum. A razão, que conhece tudo, é por isso mesmo inconhecível. Não se pode conhecer o que está na origem de todo conhecimento possível. Não há ciência da razão, já que só há ciência graças a ela. A neurobiologia? Ela explica o pensamento, verdadeiro ou falso, não a razão (sem a qual a neurobiologia, como ciência, seria evidentemente impossível). A lógica? Ela não explica a razão; ela a constata, a explicita, a formaliza. A razão não conhece a si mesma, do mesmo modo que o olho não se enxerga: ela é inconhecível assim como o olhar é invisível. Um homem único e sem espelho não saberia o que é um olho. Ora, só há uma razão: a de Deus, diz Espinosa, ou a do universo (sua racionalidade), de que sou parte. Não se conhece a razão; constata-se (*"Habemus enim ideam veram"*). Logo: minha liberdade inconhecível é a razão. "O homem livre", diz Espinosa, "isto é, aquele que vive unicamente de acordo com o comando da razão..."

Essa razão é universal (ela não tem ego). É por isso que o sábio é libertado de si.

"Mas meu olho", dir-se-á, "eu posso ver, ou seu reflexo, num espelho..." A razão também. Seu espelho é o universo, e vice-versa. A natureza e a razão se refletem, mutuamente, indefinidamente, e formam uma só coisa: o universo é racional, a razão é universal.

Parcela do universo, parcela da razão, não sou mais que um momento – ínfimo, efêmero – dessa reflexão infinita e eterna.

Quem, numa noite, fixar demoradamente as estrelas (suportar seu longo e silencioso olhar), acabará se dando conta disso, aceitando-o alegremente. Sua paz então – imensa! eterna! – é a do universo. É a paz de Deus, tanto mais total por ele não existir.

*

O princípio de causalidade também se aplica aos indivíduos. Mas isso não justifica nada. Tudo se explica; nada se desculpa.

Ou antes: um erro explicável (desculpável também nisso) continua sendo um erro.

Também se explica Hitler.

*

Ser livre não é fazer o que quero. Porque "o que quero" é sempre determinado: por meu corpo (especialmente por meu cérebro), por minha educação, minha sociedade, meu inconsciente, em suma: por "mim", isto é, por esse *eu* que meus pais e a sociedade, a história ou os cromossomos, pouco importa, me deram ao me fazerem ser. A maior escravidão (a maior necessidade) está no princípio de identidade: a = a; eu sou eu. Só poderíamos salvar o livre-arbítrio renunciando à lógica. Mas seria renunciar à liberdade verdadeira (à verdade libertadora).

Talvez seja possível escapar da sociedade, sair da minha classe social, mudar de cultura, de língua, vencer meu corpo ou meu inconsciente... Mas quem me curará de mim? Sartre bem o enxergou: "Desfazemo-nos de uma neurose, não nos curamos de nós." Ora, esse "eu" que sou, não o escolhi. Vejam os recém-nascidos... E o que somos senão um recém-nascido que cresceu? Se eu pudesse escolher, seria muito mais bonito, muito mais forte, mais inteligente, mais voluntário, e melhor, sim, bem melhor do que sou. Seria Mozart, talvez, ou Espinosa, ou, por que não, os dois! Aí sim: fazer o que quero seria verdadeiramente ser livre.

Mas não é o caso, claro: não nos escolhemos, jamais. Nós nos resignamos. O verdadeiro destino, afinal, o único, é ser si mesmo. Heráclito já o sabia: o caráter de um homem (o que ele é) é seu *"daímon"* (seu demônio, seu destino). Diderot confirma: "Posso não ser eu? E, sendo eu, posso agir diferentemente de mim? E, desde que estou no mundo, houve um só instante em que isso não tenha sido verdadeiro?" Inato? Adquirido? Ambas as coisas, quase sempre, mas a questão não é essa. Esse destino ou essa identidade são absolutos, insuperáveis. Mesmo que eu consiga me mudar, sou sempre eu que me mudo; outro não mudaria ou mudaria diferentemente. Mudando continuo sendo "eu" tanto quanto não mudando. Sou minha própria prisão, de muros intransponíveis: eles se deslocam ao mesmo tempo que o prisioneiro que encerram e que são.

Escravidão sem saída? Cativeiro total e definitivo? Não exatamente. O meio de sair de mim eu tenho em mim. É a razão (meu cérebro, na medida em que tem acesso ao universal e ao verdadeiro). Sim: minha razão me liberta de mim, da escravidão onipresente de ser eu. Porque a razão não é ninguém, tudo está nisso; é por isso que ela é universal. Quando demonstro que a soma dos ângulos de um triângulo, num espaço euclidiano, é igual a dois ângulos retos, não sou "eu" que penso; é a razão que pensa em mim. Essa demonstração é verdadeira quaisquer que sejam meu corpo ou minha educação, minha classe social, minha infância ou minha hereditariedade, minha língua ou meu inconsciente. E é a mesma coisa no caso das geometrias não euclidianas: a verdade delas não depende do indivíduo que as pensa. É o que distingue a ciência da ideologia, Marx de Lyssenko, e Freud (como teórico) de seus pacientes. Do mesmo modo que não há uma ciência burguesa e uma ciência proletária, não há uma ciência neurótica e outra não, uma ciência em francês e outra em alemão, uma ciência do Oriente e outra do Ocidente... Supondo-se inclusive, em outro planeta, uma outra espécie inteligente, com outro cérebro (ou com outro órgão que o substitua), outro código genético, etc., pois bem, aposto (afinal, a experiência extraterrestre pode se produzir): não teríamos talvez a mesma matemática (a história das ciências também seria diferente), mas eles poderiam compreender a nossa, como nós poderíamos, à medida da nossa inteligência, compreender a deles. Não teríamos talvez as mesmas ciências; teríamos a mesma racionalidade. Porque a razão não é humana, nem inumana. Os humanos é que são racionais, ou podem ser.

Essa razão é livre: nada a determina a não ser ela mesma. Pode-se explicar exteriormente (isto é, reduzir a um determinismo) um erro, uma ilusão, um lapso... Uma proposição verdadeira só se explica por sua verdade, isto é, por ela mesma ou por outras proposições verdadeiras, das quais ela depende. *Verum index sui et falsi*, escreve Espinosa: a verdade é norma dela mesma e do falso. Uma ideia verdadeira não se explica; ela se conhece (*"habemus enim ideam veram"*). Por isso a verdade é sempre livre; é por isso que a razão é libertadora. Nada a ver porém com um livre-arbítrio qualquer: a razão não pode escolher o falso, nem portanto o verdadeiro. Ela é livre, mas impessoal. Não pertence a ninguém; por isso é acessível a todos. Espinosa diria: toda verdade, mesmo no homem, é de Deus. Digamos que ela é universal, enquanto todo homem, mesmo cientista, é singular.

A razão: o próprio pensamento, na medida em que é universal. E qual cérebro não é particular? E qual indivíduo?

Neurobiologia e psicologia só são possíveis, como ciências, porque a razão, que as permite, lhes escapa.

Assim, o que é livre em mim é o que não é eu. Alguns verão nisso motivo de amargor ou de abatimento. Mas não. Ao contrário, que ideia é mais estimulante? O que é livre em nós, meus amigos, é o que nos é comum: a razão, que está em todos e que não é de ninguém. A liberdade nos une! Nossa pequena singularidade não é nada, apenas poeira ao vento que se afasta e se perde. A razão nos liberta da escravidão narcisista. Compreende-se então que a ideia de uma liberdade egoísta é contraditória em termos. O avaro é prisioneiro. A razão não tem ego; como seria egoísta? Ela é generosa porque é universal.

Minha ingenuidade, meu racionalismo de outra era serão criticados... Ora, quem não se dá conta de que é mais próximo do seu pior inimigo, quando ambos raciocinam, do que de um cão, e livre também nisso? Só quem perdeu a razão, é prisioneiro do seu ódio, em outras palavras, de si mesmo e do outro... O que se tem de compreender aqui, o que é tão nítido em Espinosa, é que o racionalismo é anti-humanista em seu princípio (a razão não é humana) e humanista em seus efeitos (a humanidade é razoável, ou pode ser). À glória da Grécia, da Renascença e das Luzes.

Resumamos. Há em mim algo que é livre, mas que não é eu – a razão. E algo que é eu, mas que não é livre – minha vontade. A razão é livre, mas impessoal. A vontade é pessoal, mas determinada. Por minha vontade, eu sou eu (ou antes, torno-me eu constantemente). Por minha razão, não sou ninguém ou todo o mundo. Mas ser si é dado (imposto) a qualquer um. Ser razoável não. A união da razão e da vontade permite ser si sem ser qualquer um. Permite ir ao extremo de si sem se aceitar como destino. Ser si sem ser escravo de si. Essa união (sempre frágil, nunca definitiva) da razão com a vontade é portanto libertação. Ela é eu sem sê-lo – e ela é um pouco vocês. Ela é meu destino superado, minha vitória sobre mim mesmo – minha liberdade. Numa palavra: minha sabedoria.

*

A feiura de Sócrates é emblemática: o sábio é o anti-Narciso.

*

Conhece a ti mesmo. Isso te libertará de ti (a verdade, sobre o sujeito que és, não é subjetiva).

*

Providência ou fatalidade, você não tem escolha. Mas depende de você que seu destino seja a soma dos seus atos, ou a soma das suas covardias.

*

IX

"Parece de fato que há entre eles como que um combate de gigantes, de tanto que se opõem sobre o ser."

Platão

"A autoridade de Platão, de Aristóteles, etc. não tem grande peso para mim: teria me surpreendido se houvésseis alegado Epicuro, Demócrito, Lucrécio..."

Espinosa

Não transigiremos sobre o materialismo. Nem sobre nossos ideais. Que nosso materialismo seja *ascensional*.

*

Contra Platão: Epicuro. Contra Descartes e Leibniz: Espinosa. Contra Kant ou Hegel: Marx. Contra Sartre (por exemplo): Freud.
E depois *uns contra os outros*.
O que restará: nossa filosofia.

*

Primado da matéria, primazia do espírito. De um ao outro, não há contradição, mas ascensão. Nosso materialismo (primado da matéria) é um materialismo ético (primazia do espírito). Se não fosse assim, como ele seria *filosófico*?

*

Para quem se eleva à metafísica, Leibniz nos previne, a primeira questão é: "Por que há alguma coisa em vez de nada? Pois o nada é mais simples e mais fácil do que alguma coisa." Se o ser é eterno (e necessariamente ele é), é portanto o mais difícil que, em todos os tempos, existe. Ser é ser difícil (o *conatus* de Espinosa: o esforço de ser).

Ainda estamos nessa dificuldade. Nós a continuamos.

Por que há alguma coisa em vez de nada? A essa pergunta Leibniz responde que é preciso "uma última razão das coisas", que seja "um ser necessário": Deus. Mas Espinosa já respondeu: tudo o que é é necessário; tudo é Deus.

Deus sive natura: Deus, isto é, o próprio ser, em sua necessária dificuldade. Ele é o que ele se esforça em ser e não é nada mais que esse esforço (*conatus, enérgeia*).

Não há nenhuma contingência nisso: já que o ser é, ele não pode não ser. Ou antes, toda contingência é imaginária: o ser é necessariamente (uma vez que ele é), mas imaginamos que *poderia* não ter sido. Irreal do passado: presente do imaginário.

A angústia metafísica, mostra então Espinosa, é toda de imaginação. A razão, que só conhece o que é, não se angustia. Nós nos apavoramos imaginando o nada.

(Mas, sabemos disso, também a imaginação é necessária.)

*

Rilke: "Sabemos poucas coisas, mas ser necessário nos atermos ao difícil é uma certeza que não deve nos abandonar. É bom estar só, porque a solidão é difícil. Também é bom amar; porque o amor é difícil..." E acrescentar o seguinte, que soa tão espinosista: "Devemos nos ater ao difícil. Tudo o que vive se atém. Cada ser se desenvolve e se defende a seu modo e extrai de si essa forma única que lhe é própria, a qualquer preço e contra qualquer obstáculo." O *conatus* de um ser, mostra Espinosa, é sua essência atual, ou em ato, devido ao que ele se coloca opondo-se "a tudo o que pode tirar sua existência". Existir é resistir.

Essa dificuldade de ser, essa tensão (o *tónos* dos estoicos), esse *conatus* ("o esforço pelo qual cada coisa se esforça por perseverar em seu ser") toma consciência de si, em nós, no desejo, que é "a própria essência do homem". Minha essência: querer viver. Schopenhauer se equivoca ao ver nisso uma maldição! É uma oportunidade, ao contrário, portanto também um perigo, um combate – um risco. É da minha essência buscar a dificuldade. O *nada*, como diz Leibniz, seria "mais simples e mais fácil". Mais uma razão para existir e resistir!

Lucrécio não diz outra coisa sob o nome de *clinâmen*, movimento desviante (necessário mas indeterminado) dos átomos, de onde vem a vontade, que é desejo: *voluptas, voluntas*.

E Freud (num contexto bem diferente, ressalte-se), sob o nome de *libido*. E Marx sob o nome de *interesse*. E Nietzsche, sob o de *vontade de potência*. Esta última expressão é a mais equívoca. A potência, esclarece Deleuze, não é "o que a vontade quer, mas o que nela quer". É a "força de existir", a "potência de agir e de querer". Mas estas últimas expressões não são de Nietzsche; são de Espinosa. Seu ponto de vista é o mais geral: é o ponto de vista de Deus, isto é, de tudo. O ponto de vista universal.

O mais difícil, portanto, e o único verdadeiro.

*

Não me parece que Espinosa seja um precursor de Marx. Mas sim: que o marxismo é um caso particular do espinosismo, sua aplicação, por assim dizer, humana e histórica. Se eu fosse uma flor, um cavalo, um átomo ou uma estrela, o marxismo não me serviria para nada. Mas ainda seria, pelo menos virtualmente, espinosista.

O espinosismo é uma filosofia universal. O marxismo – regional.

Em outras palavras: sou marxista porque sou homem (e homem do século XX). Espinosista, porque sou. E ponto final.

Mesma coisa se poderia dizer a propósito de Freud, de sua relação com Espinosa (por exemplo sobre a questão do determinismo psíquico, ou sobre a questão do desejo, "quer o homem tenha ou não consciência disso", como diz Espinosa). Mas, ao se dizer marxista, hoje, o efeito de ruptura é maior. Ora, a ruptura também é o que buscamos – para que nosso materialismo seja sem ambiguidade.

*

O espinosismo *acaba* a teologia, nos dois sentidos da expressão: a morte de Deus se consuma em sua perfeição. E se Espinosa deixa o nome de Deus ao cadáver que ele teoriza não é sem razão. Esse cadáver é a vida, e mais que ela: o próprio ser, em sua potência eterna e infinita, de que a vida é apenas um caso particular.

A teologia se torna assim ontologia ou metafísica. O discurso sobre Deus é discurso sobre o ser, que é "único, infinito, isto é, é todo o ser". Mas esse ser não é nem transcendente nem oculto. Não há além-mundos. Só conhecemos o que existe; tudo o que existe é conhecível[1]. Naturalismo e racionalismo, a luta é a mesma! A diferença entre as ciências e a metafísica é principalmente quantitativa – como o finito se distingue do absolutamente infinito. Pensar o ser (metafísica) não é senão conhecê-lo (ciências). Mas, se o ser infinito pode ser dito integralmente e unitariamente (é o que faz a *Ética* já nas proposições 11, 15 e 16 da sua primeira parte), os homens não têm e nunca terão mais que um conhecimento parcial e múltiplo dele: a metafísica é una; as ciências são plurais. Nesses dois discursos, atua a mesma razão, que é a mesma também em mim e em Deus e que podemos chamar de racionalidade do universo (a razão na condição de imanente, a imanência na condição de racional), é absurdo pois temer uma discordância fundamental entre ciências e metafísica: seria uma discordância da razão consigo mesma.

Também é inútil espantar-se, como Einstein, com a adequação da razão (inclusive *a priori* ou assim suposta) ao real. A matemática sempre concordará com a natureza: "A ordem e a conexão das ideias são as mesmas que a ordem e a conexão das coisas." Deus é coisa extensa (*res extensa*). Também é coisa pensante (*res cogitans*). E também uma infinidade de outras coisas (os diferentes modos dos seus atributos desconhecidos). Mas todas essas coisas são as mesmas

---

1. Inclusive, claro, os humanos, suas paixões, seus atos. A articulação de Espinosa com o marxismo e com a psicanálise (de que se fala tanto mas mal, por não se ter compreendido que ela não era pensável sem redução nem em Marx nem em Freud, mas em Espinosa) pode estar situada muito precisamente na altura da proposição 16 da primeira parte da *Ética*, isto é, em torno do conceito de necessidade. Há uma necessidade histórica (Marx). Há uma necessidade psíquica (Freud). E nem uma nem a outra têm a ver com qualquer providência ou finalidade (apesar de Jung e dos marxistas!): as duas fazem parte da necessidade universal da natureza. O homem não é "um império dentro de um império" (a cultura faz parte da natureza). Portanto ele é conhecível cientificamente, do mesmo modo que tudo o que é ou acontece.

(*una eademque res*): há uma só substância (*Ética*, I, prop. 14, e II, escólio da prop. 7) ou um só universo (*Carta 64*, a Schuller). O real é racional, o racional é real: o ser é verdade. Podemos falar de paralelismo dos atributos (a expressão, tradicional, não é de Espinosa); mas todos esses paralelos são confundidos. O universo e o pensamento, o real e a verdade são uma só e mesma coisa: *Deus sive natura*...

Esse naturalismo não é um teísmo. Um Deus não criador, sem transcendência, sem finalidade, sem subjetividade, etc., não é um *Theos*. Mas também não é, estritamente falando, um ateísmo.

O a-teísmo é sempre, ainda que negativamente, habitado por Deus. Construído por inteiro em torno da sua negação, ele guarda sua marca em oca, seu lugar vazio, como um amante dilacerado ("em meus braços te amparo ausente", escreve o poeta), ou como sofre um amputado com o vazio do braço que perdeu. Quem matou Deus permanece assim assombrado pelo fantasma dele. Daí o medo, a angústia, a nostalgia..., que são tristezas e só têm fantasmas por objeto. Espinosa recusa tudo isso. Seu panteísmo é um ateísmo sem negatividade: a superação de Deus se dá na plenitude da sua afirmação. Deus não é uma pessoa porque é tudo. Deus não é ausente; ele é o ser presente em tudo, em que tudo está presente. Ele não é morte: ele é a vida. Ele não é o nada, mas o ser. E a simples constatação da sua essência, isto é, da sua necessidade, dissipa os fantasmas. O panteísmo de Espinosa talvez seja o único "ateísmo" que não é castrado de Deus, mas que liberta nele, ao contrário, a plenitude da sua potência[2].

---

2. O único? Seria preciso indagar se Epicuro, dando aos deuses uma existência (material), um lugar (os intermundos) e uma função (eles são os modelos felizes do sábio), não realizava com êxito uma operação da mesma ordem. Mas isso é outra história.

Seu monismo naturalista, igualmente, talvez seja o único "materialismo" capaz de pensar a objetividade do real. Espinosa supera a oposição entre materialismo e idealismo, isto é, entre a matéria e o pensamento, fazendo a teoria da sua unidade ontológica (só há uma substância) mas preservando seu tipo específico de objetividade e racionalidade (as cadeias causais continuam sendo internas a cada atributo: *Ética*, II, prop. 5 a 7 e escólio).

Mas essa superação do materialismo e do idealismo se faz no campo do materialismo, por duas razões:

1 – Espinosa se recusa a pensar um espírito sem matéria (o próprio Deus é *res extensa*).

2 – Ele teoriza a objetividade do pensamento, isto é, separa-a da consciência e da subjetividade. Conhecida ou não dos homens, a verdade (a ideia verdadeira) é o que ela é: o próprio ser. O pensamento tem assim a qualidade que, para os materialistas, define a matéria: a existência objetiva, independente da consciência.

Se Espinosa supera a oposição entre o idealismo e o materialismo, é portanto assegurando a vitória do segundo sobre o primeiro. Não há mais combate, porque a vitória já ocorreu. Estamos na paz da verdade. Essa paz ainda é apenas teórica, e Espinosa sabe melhor que ninguém (*Ética*, I, Apêndice) que, nesse debate, a teoria não é a única a estar em questão (que uma ilusão não é apenas um erro: que esse *debate* é um *combate*). Mas uma vitória teórica também tem sua importância, e, em seu nível, esta é absoluta. Porque, ontologicamente falando, o erro não é nada. A paz da verdade é a paz do ser.

Perguntamo-nos então por que o título *Ética* dado ao livro mestre da metafísica. A ética é a teoria do bem e do mal. Ora, do ponto de vista de Deus ou da natureza, essas noções não têm nenhum sentido. Espinosa demonstra isso (*Ética*, IV), mas é possível senti-lo intuitivamente: quando, uma noite (no que Lucrécio chama de "as noites serenas"), contemplamos por muito tempo o céu constelado, quando escutamos em nós o eco do silêncio desse céu, quando o infinito, a eternidade nos invadem... há, nessa meditação do ser, nesse frente a frente com o universo que nos contém, um momento em que todo valor se anula. Sentimos que "as coisas consideradas em si mesmas ou em sua relação com Deus não são nem bonitas nem feias", nem boas nem ruins. O mal já não existe, nem por conseguinte (IV, 68, demonstração) o bem. A pedrinha mais insignificante torna-se equivalente ao *Davi* de Michelangelo – e vice-versa. A moral se dissipa. A arte se dissipa. Compreendemos o que é ser, e que todo ser é perfeição. E murmuramos, como já faziam os estoicos: "Tudo é igual." Porque tudo é.

Mas então: por que uma ética?

Porque esse livro divino (na medida em que é verdadeiro, é escrito do ponto de vista de Deus) fala do homem. Ora, se para Deus o bem e o mal não existem, os homens têm necessariamente o sentimento do bom e do ruim: porque eles não nascem livres (IV, 68), porque eles são "jogados de um lado para o outro por causas exteriores", isto é, submetidos aos encontros úteis ou nocivos. Por exemplo (*Carta 19*, a Blyenberg), nunca houve fruto proibido, mas a "proibição do fruto da árvore consistia apenas na revelação feita por Deus das consequências mortais que a ingestão desse fruto teria; assim, sabemos pela luz natural que um veneno mata". Não há mal em si, mas há o ruim para nós e nossos semelhantes. Todo o resto é superstição.

Portanto não há pecado. Mas os homens sofrem e são ignorantes. São determinados, assim, a ter uma moral (Espinosa mostra isso e as ciências humanas confirmam: vejam o superego em Freud ou a ideologia em Marx). Na medida em que ela crê ter por objeto o ser, portanto na medida em que ela se crê verdadeira, essa moral é ilusória. Mas essa ilusão é necessária (por suas causas) e útil (para a humanidade). A realidade não é moral, mas a moral é real. A verdade não tem moral (o amoralismo das ciências mostra isso muito bem), mas a moral pode ser conhecida em verdade. É o que faz a *Ética*. Ela é a verdade da moral. Não se tome isso no sentido hegeliano da expressão. A verdade da moral não é sua finalidade (todo finalismo é ignorante), mas seu conhecimento é verdadeiro. Ora, todo conhecimento é libertação. A ética, que é a moral verdadeira, também é a moral livre. Ela não anula a ilusão, mas liberta da ilusão[3]. Não é um amoralismo (já que não sou Deus). É uma moral libertada.

A liberdade, aqui como alhures, é razão. Também é virtude ou potência. Todo o resto é escravidão. Agir razoavelmente, agir livremente, agir virtuosamente é uma só e mesma vida, que tem o nome de sabedoria.

Na medida em que é passagem a uma perfeição maior, essa virtude é sempre alegre. Claro, pode-se fazer tristemente o que o sábio faz na alegria: veja-se a moralidade triste dos burgueses honestos, de Platão ou de Pascal, dos timoratos e das baratas de sacristia... Não é virtude mas escravidão (submissão à sociedade ou ao Bom Deus, ao policial ou ao padre, aos pais ou aos vizinhos...). Por isso quase toda essa gente necessita, para ser moral, de um outro mundo, que seja recompensa ou castigo. O homem livre, ao contrário, acha, aqui e agora, sua "recompensa" na consciência que tem de "agir bem e se manter na alegria", em outras

---

3. O astrônomo sempre vê o Sol girar em torno da Terra. Mas ele já não é prisioneiro dessa ilusão, cujo mecanismo e cuja verdade ele compreende.

palavras, em sua própria sabedoria: "A beatitude não é o preço da virtude, mas a própria virtude." A filosofia substitui a religião. A salvação é aqui.

Sim, eis o que, entre outras coisas, retive de Espinosa. Mas sempre vai faltar o "tom" único, feito de altura e de simplicidade, a sinceridade grave e serena que parece a própria voz da verdade. Bergson tem razão: "Voltamos a ser espinosistas em certa medida cada vez que relemos a *Ética*, porque temos a impressão nítida de que é exatamente essa a altitude em que o filósofo deve se situar, essa é a atmosfera em que o filósofo realmente respira. Nesse sentido, poderíamos dizer que todo filósofo tem duas filosofias, a sua e a de Espinosa." Isso sem dúvida é verdade, e para mim também. Mas a mais bela das duas, em todos os casos, é sempre a de Espinosa.

*

Exemplo.
Para quem passeia, à noite, à beira de uma praia, os reflexos dos postes de luz dispostos ao longo do quebra-mar desenham na água escura trêmulas linhas luminosas, que convergem para o espectador e se deslocam com ele. Outro espectador, situado a uma dezena de metros do primeiro, não vê os mesmos reflexos. Ele vê uma massa escura onde o primeiro admira a prata mais cintilante, e vice-versa. E mil pessoas, situadas de metro em metro ao longo do quebra-mar, veriam mil jogos de reflexos diferentes. E dez mil idem, e cem mil, etc. Cada um desses pontos de vista é verdadeiro no que mostra (há verdadeiramente luz naquele lugar) e falso no que exclui (também há luz ao lado, onde

não a vejo). Cada um desses pontos de vista é verdadeiro mas parcial.

Mas, então, deve haver um ponto de vista do qual todos esses reflexos se adicionam e de onde o mar parecerá integralmente luminoso – mas também, já que se pode fazer o mesmo raciocínio com as porções escuras, integralmente escuro. Esse ponto de vista é o único absolutamente verdadeiro. Ele é necessário nisso, e real (melhor: ele é a própria realidade). É o ponto de vista de Deus. Mas é claro que *ninguém pode vê-lo*. O ponto de vista de Deus é um ponto de vista necessário e impossível: um ponto de vista real que ninguém pode ver, um ponto de vista sem visão, um ponto de vista cego – que portanto não é, a rigor, um ponto de vista.

Deve-se dizer então que Deus existe (já que seu ponto de vista é necessário), ou que ele não existe (já que seu ponto de vista não é visto por ninguém)? Depende. Porque o ponto de vista de Deus é o da totalidade. Esta existe, claro; por isso podemos dizê-lo de Deus (o que faz Espinosa). Mas essa totalidade não é um sujeito: ela não é ninguém, e nesse sentido Deus não existe. Uma das duas formulações será escolhida por razões de oportunidade (e a segunda nos parece preferível hoje). O essencial no entanto não está aí. A totalidade não é ninguém, no entanto não é nada – já que é tudo.

O ponto de vista de Deus é o ponto de vista da totalidade, portanto também da objetividade absoluta. Ser ateu não é negar que essa objetividade existe (seria negar que o mar e os postes de luz existem!). É dizer que ninguém a vê (recusar-se a transformar essa objetividade em subjetividade).

Mas o sábio e o metafísico, cada qual a seu modo, necessariamente tendem a isso. Todo esforço para pensar é tentativa de ser Deus.

*

O contrassenso a evitar, sobre Espinosa: crer que a necessidade é um destino, uma providência, uma "ordem do mundo"; em suma, fazer uma leitura estoica do espinosismo – o que se faz quase sempre.
Para evitar isso: ler Espinosa à luz de Epicuro.

Não é tão difícil. A necessidade espinosista, por ser sem finalidade nem plano preconcebido, não está longe, de fato, do acaso epicurista (o qual, já que "nada nasce de nada", não poderia ser uma contingência, mas seu contrário: um determinismo). O que há de mais determinado do que um dado rolando numa mesa? A ordem inteira das coisas nada mais é que a universal desordem (já que não tem finalidade) de um universo no entanto integralmente pensável e racional – um universo sem "cosmo". Tudo acontece por acaso; nada é contingente. Em outras palavras: o acaso é um outro nome (epicurista) da necessidade (espinosista). Tudo se explica; nada está escrito.

Esse universo necessário também pode ser dito livre, já que, sendo tudo, só obedece a si mesmo. *Natura videtur libera*, escreve Lucrécio (II, 1090-1091). E Espinosa: "Deus existe livremente (embora necessariamente) porque existe pela simples necessidade da sua natureza" (*Carta 58*). Mas é uma liberdade sem querer. Nenhum plano preside a ela, diz Lucrécio, e Deus, esclarece Espinosa, "não produz seus efeitos pela liberdade da sua vontade". Ora, uma "liberdade" sem querer é uma liberdade cega, isto é, fortuita. Portanto, tanto para Epicuro como para Espinosa, não há nem destino nem providência. O panteísmo naturalista de um e o materialismo atomístico do outro se encontram e se opõem, ambos, ao panteísmo cósmico, finalista e providencialista dos estoicos.

Encontram-se do mesmo modo as concepções que Epicuro e Espinosa têm do homem, da moral, do prazer, da felicidade e até da morte (que não é nada). Só sendo míope para não enxergá-lo: o espinosismo não tem nada a ver com o estoicismo, cujos princípios são falsos (*Ética*, V, Prefácio), mas muito com o epicurismo ou, em geral, com o materialismo atomístico greco-latino, que ele reivindica explicitamente (*Carta 56*, a Hugo Boxel).

Poderíamos fazer o mesmo trabalho a propósito de Marx e Freud; lê-los à luz de Epicuro e de Espinosa... Se os mais recentes são mais precisos ou localmente mais completos (em Marx e em Freud há muitas coisas que não se encontram em Epicuro ou Espinosa), os mais antigos têm sem dúvida o privilégio de dizer as verdades mais fundamentais. A uns a precisão, aos outros a profundidade? Nesse caso a ordem cronológica, entre Epicuro, Espinosa, Marx e Freud, também seria, em sua continuidade heterogênea, a ordem de uma importância decrescente...

No dia em que os marxistas e os freudianos compreenderem isso, eles deixarão de se dizer tais.

*

"Words, words, words..."
Não é uma condenação. Tudo o que os homens fizeram de grande nasce das palavras ou seria impossível sem elas. Porque não há nada de grande a não ser pelo pensamento, e o homem só pensa em palavras.

Como poderíamos amar, não fosse a possibilidade de dizê-lo milhares e milhares de vezes?

*

É perturbadora a experiência de se calar, quero dizer interiormente, e mesmo assim tentar pensar. Nela, a alma se esgota ao se contemplar fugindo. A tolice, tomando a palavra ao pé da sua letra muda, é, para um cérebro humano, a mais cansativa das tarefas. "A ausente de todos os buquês", como diz Mallarmé, é a própria flor da nossa vida interior. As palavras são para nós a alma das coisas. E portanto – "ideia mesma e suave" – a nossa.

O próprio silêncio não passa de uma palavra. Calar-se já é estar na linguagem. Uma pedra não se cala, é silenciosa só pela palavra (só para nós).

O espírito, então: um jogo de palavras? De jeito nenhum! O espírito nasce, ao contrário, quando as palavras deixam de ser um jogo, isto é, deixam de obedecer unicamente às regras que o definem, para aceitar outras, que a mudança das regras (a tradução) não muda e que o próprio silêncio – ó, pensamento! – não abole. Um pensamento intraduzível não é um pensamento. E três estrelas formavam um triângulo bilhões de anos antes que seu nome fosse pronunciado, como todas as ideias verdadeiras que pudermos daí deduzir continuarão sendo verdadeiras bilhões de anos depois da morte do último dos matemáticos. As palavras nascem e morrem, e morrerá também a espécie humana. A verdade é eterna. É o que há de grande em Platão e de maior ainda em Espinosa.

(Não é idealismo. Idealista, ao contrário, é aquele que crê que a verdade precisa dele para existir, ou ser conhecida para ser verdadeira! A noção de "verdade objetiva", sem a qual não há materialismo, supõe exatamente o inverso.)

*

Posso perfeitamente *dizer* que a parte é maior que o todo; não posso *pensá-lo*. Isso basta para mostrar que o pensamento não é a linguagem. Pensamos nas palavras, mas não são as palavras que pensam. Respirar também é apenas deslocamento de ar; mas não é o ar que respira. Contra os sofistas e os produtores de vento.

*

Podemos dizer sem pensar; não podemos pensar sem dizer. O inefável é impensado. Impensável? Não. Porque (Parmênides) "a mesma coisa se dá a pensar e a ser". O impensável não é.

*

Nunca se fala demais. Fala-se mal. Tagarela não é quem abusa da linguagem (ou então Sócrates o era), mas quem faz mau uso dela, o que, como escreve lindamente Platão, "não é somente defeituoso em si, mas também faz mal às almas". Quem dizia que toda filosofia, desde Sócrates justamente, se resumia a um só problema: saber *o que quer dizer falar*? Isso é verdade, e verdade também é o que Simone Weil ensinava, que podemos "reduzir toda a arte de viver a um bom uso da linguagem". Sempre se trata apenas de arranjar palavras, e o próprio viver nada mais é que relato ou ficção. Não levem isso a mal, nem entendam que toda vida é literatura. Para ordenar todo o universo, o próprio Deus, se me compreendem, não agiu de outro modo, ele, que sabia o *nome* de cada átomo... Qual era? Silenciosamente: o próprio átomo. O Verbo de Deus, o *Lógos* dos gregos, a razão de Espinosa, é essa língua sem fala em que só existem, para quem sabe entendê-la, nomes próprios. Língua perfeita, pois, e por isso: muda. Deus não fala; Deus se escuta.

*

Um amigo me censura por eu me tomar por Deus. Vejo nisso, ao contrário, humildade. Deus não é ninguém. A pior pretensão é tomar-se por si.

Espinosa, por exemplo, menos pretensioso que Nietzsche e, como todos os grandes clássicos, humilde em seu orgulho. Comparem também Mozart e... Wagner!
(O que Nietzsche não perdoa em Wagner: parecer-se com ele. Eles têm os mesmos defeitos, por outro lado também as mesmas qualidades: grandiloquência, potência, sutileza...)

Orgulho: tomar-se por Deus (pelo que há de divino em si, que não é si).
Pretensão: tomar-se por si.

E o que limita meu orgulho: vejo muito bem em que permaneço banalmente pretensioso. A humildade de Espinosa está, ao contrário, em seu próprio orgulho. Ele escreve um livro "do ponto de vista de Deus"... mas não o assina. Quantos escritores seriam capazes disso? Eu não. No entanto assim deveria ser: a verdade é anônima.

Mas o caso é que em matéria de beleza essa "verdade" é ilusória: para Deus ou em si, nada é belo, nada é feio. Mas é uma ilusão necessária. Espinosa e Kant, quanto a isso, concordam e se completam. Não posso deixar de pensar que todo o mundo (inclusive Deus) deve preferir Mozart a Claude François (e até Mozart a Wagner). E bem sei, no entanto, que não é bem assim. Isso não significa que eu esteja errado.

A superioridade do verdadeiro sobre o belo é sua universalidade real (objetiva). O verdadeiro não depende dos homens. E não depende nem mesmo de Deus (já que ele é o próprio Deus).
Quanto ao bem, está certamente do lado do belo. Mas é preciso viver como se estivesse do lado do verdadeiro.

O valor não é verdadeiro; a verdade não tem valor. Mas é preciso viver como se essa disjunção não existisse.
Aliás, não se pode fazer de outro modo. Esse "é preciso" não é a expressão de uma ordem ou de um conselho, mas o reconhecimento de uma necessidade. Vejam-se Espinosa, Marx, Freud... Criticá-los por ter uma moral ou por ter gosto (o que seria, dizem, incompatível com suas teorias e prova de "incoerência"!) é não compreender três coisas: o que é uma ilusão; o que é a necessidade; o que é uma ilusão necessária. O desvio por Kant pode, aqui também, ajudar a superar essa tríplice dificuldade. Mas não é indispensável. Para quem se der o tempo de meditá-la, a *Ética* de Espinosa bastaria, pois ela mostra que o sábio se liberta da ilusão, mas sem escapar dela (sem nem mesmo querer isso). Porque "somos uma parte da natureza inteira, cuja ordem nós seguimos...". Querer viver sem ilusões seria tomar-se por Deus. Orgulho legítimo para o pensador, fatal para a humanidade.

*

Althusser: "Somente uma concepção ideológica da sociedade pôde imaginar uma sociedade sem ideologia."

Somente uma concepção ilusória do homem poderia imaginar uma humanidade sem ilusões.

*

Ilusão, verdade... A frase "*O sol nasce a leste*" contém ambas. E a arte. Chamo de verdade subjetiva aquela que é verdadeira no âmbito de uma ilusão. E objetiva, a verdade... sem ilusões. Do ponto de vista de Deus, a segunda é que é verdadeira. Mas para o homem a primeira importa muito mais – já que somos "uma parte da natureza inteira", e não o todo. O navegador não se engana com isso, ele procura o Oriente e o encontra. Sem essa "verdade", estaria perdido; sem essa ilusão, seria Deus e não procuraria nada.

*

X

"Sentimos e experimentamos que somos eternos."

Espinosa

"Há um outro mundo, mas ele está neste."

Éluard

Platão, no *Fédon*, prega a morte – e proíbe o suicídio. Não pertencemos a nós mesmos, mas aos deuses, e tanto quanto um escravo não temos o direito de morrer sem autorização! Eis-nos duplamente despossuídos: a vida não é nada; esse nada não nos pertence.

A morte é portanto ao mesmo tempo o bem mais desejável e o ato mais proibido. Como a liberdade para um escravo...

Somos os escravos de Deus.

Viva Espartaco!

*

O filósofo, diz Platão, busca a morte (filosofar é aprender a morrer). Melhor: "Os verdadeiros filósofos já estão mortos." Os sábios, para Platão, são os mortos-vivos.

E sua sabedoria: um cemitério.

A demonstração é simples. A morte é algo. O quê? A separação entre a alma e o corpo. Ora, é precisamente o que o filósofo busca, na moral (ele desdenha os prazeres da mesa e do amor), na aquisição da ciência (para a qual o corpo é um obstáculo) e na contemplação das Ideias (que decorre do pensamento puro). Portanto: o filósofo busca a morte, se é que *já* não está morto. CQD.

Epicuro dirá precisamente o contrário. A morte não é nada (não é a separação entre a alma e o corpo, mas sua mera dissolução). O filósofo não a busca, portanto. Não é o nada que ele deseja, mas o prazer! Ele escuta as lições de seu corpo, que são de prudência, e lhe dá uma filosofia digna dele. Epicuro está vivo, bem vivo, a tal ponto que a própria morte nada mais pode contra ele. "Porque um homem que vive entre bens imortais não tem mais nada em comum com um ser mortal."

Nada, além desse próprio *nada* da morte.

Para Platão: a morte é tudo.
Para Epicuro: a morte não é nada.
Quem tem razão?

Para Platão: os deuses são nossos senhores; nós somos seus escravos.
Para Epicuro: os deuses são nossos mestres; nós somos seus discípulos (ou antes, já que eles não se ocupam de nós, eles são nossos modelos e nós, seus imitadores – e discípulos de Epicuro, que é um igual deles).
Platão diz: obedeçam aos deuses.
Epicuro: tornem-se deuses.
Quem tem razão?

A convicção de Epicuro, que é profunda, é a de que os deuses não têm religião. A verdadeira piedade, que segue o exemplo dos deuses, será portanto arreligiosa. Epicuro é divino, dirá Lucrécio, porque é livre.

Enquanto toda religião é ímpia, pois aprisiona os homens em laços que os deuses ignoram. É o caso de Platão, que é a própria religião, quando ela pensa.

Platão: "A morte é um atalho que nos leva ao fim." A filosofia é um desvio, que somente nos aproxima dele. É uma pedagogia da morte. Mas a verdadeira sabedoria, a "sabedoria pura", só a conheceremos no além, quando a alma tiver se desvencilhado da "loucura do corpo".

Para Epicuro, ao contrário, a morte não é um fim. Não é para ser temida nem desejada. E o corpo não é louco, mas sábio: sabe que o prazer é bom e a dor ruim. Louco quem recusa as lições da vida! O filósofo não é o carrasco do corpo, mas o médico da alma. A filosofia é pedagogia da felicidade, e pedagogia alegre: "É preciso rir ao filosofar..."
O sábio não vai a lugar nenhum. Ele já chegou. O Jardim é lugar não de viagem, mas de passeio – sem outro objetivo a não ser o próprio passeio e o prazer que se encontra nele.
Os platônicos são mortos-vivos em viagem. Os amigos de Epicuro passeiam rindo... Tanatofilia ou hedonismo.
Filosofar é aprender a viver.

*

Pascal tem razão:

"Nunca nos atemos ao tempo presente. Lembramos o passado; antecipamos o futuro... Assim, não vivemos nunca, mas esperamos viver; e nos dispondo sempre a ser felizes, é inevitável que não o sejamos nunca."

É preciso portanto ser feliz *agora*. Falemos da felicidade apenas no presente. Todo o resto é mistificação.

*

Sabedoria: ser feliz sem esperar.
Nossa ética é a curto prazo. Quem quer ir para o infinito, tem de partir já. Desenvolvamos em nós a impaciência da eternidade. E que nosso presente faça as vezes dela.

É também a lição de Epicuro:

> "Nascemos uma vez e não devemos esperar nascer mais uma vez. Segue-se por conseguinte que a duração eterna não existe de modo algum. Tu, no entanto, que não és senhor do amanhã, adias teu gozo! Consumamos nossa vida de tanto esperar, e cada um de nós morre nessa empreitada."

Isso não quer dizer que a felicidade resida na busca aleatória dos instantes, no "*carpe diem*" de Horácio, que não passa de hedonismo de visão curta (mais próximo de Aristipo, sem dúvida, do que de Epicuro). O que é preciso é viver, aqui e agora, a felicidade da eternidade (os "bens imortais", como diz Epicuro, de quem vive "como um deus entre os homens"). Hedonismo, claro, mas da alma – eudemonismo.

O corpo goza; a alma se regozija. Triste coisa um prazer sem alegria!
Que teu prazer seja gozo de eternidade.
Carpe aeternitatem.

*

Os deuses de Epicuro se parecem muito com os humanos. Há um nada de diferença: o *nada* da morte. Os deuses são os imortais. Mas, como a morte, justamente, "não é nada para nós" (primeiro, porque ela não é; segundo, porque já não somos), basta dissipar esse nada ilusoriamente real para fazer de nós os iguais dos deuses.

É a tarefa da filosofia: considerar o nada pelo que ele é – nada.

Esse nada no entanto existe. É o vazio. Mas ter medo dele é absurdo. O medo do *vazio* é *vão* (em grego, é a mesma palavra). Por isso, como a vertigem de que fala Pascal, ele é pavor não da razão, mas da imaginação. Filosofar é curar da vertigem ou da angústia. E, não obstante o que diz Pascal, nada prova que isso seja impossível.

Em todo caso: a coragem, aqui, é tentar.

*

A morte não é nada, ensina Epicuro. Isso não quer dizer que ela não conte. Esse nada limita nossa vida. A morte não é nada, mas nossa vida é finita – e deve-se levar em conta essa finitude: o tempo urge!

A inelutabilidade da morte não impede a felicidade, mas determina a urgência de filosofar. A sabedoria é impaciência.

*

A angústia é um medo sem objeto (diferentemente do temor). Nisso toda angústia é de morte, talvez. Isso constitui como que uma verdade (já que morremos), mas imaginária (já que a morte não é nada). É o que torna a angústia tão forte, ou nós tão fracos em face dela. "Como crianças que tremem no escuro...", escreve Lucrécio. Não há nada para ver no escuro, e é isso que dá medo.

*

Lucrécio escreve:

"Olha para trás agora; vê que nada foi para nós esse longo período de eternidade que precedeu nosso nascimento. É esse, pois, o espelho em que a natureza nos apresenta o que o futuro nos reserva após a morte. Vê-se aparecer nele alguma imagem horrível, algum motivo de luto? Não é um estado mais tranquilo do que qualquer sono?"

Ele tem razão: não ser sempre, não ter sempre sido, são duas faces equivalentes de uma mesma finitude. Zero igual a zero: todos os nadas se equivalem, já que não valem nada. E quem viveu bem não precisa viver mais: qual um "conviva saciado", como diz Lucrécio, ele se retira de uma mesa cujas iguarias essenciais saboreou. O que lhe traria a repetição ilimitada do mesmo? O número de prazeres possíveis é finito. A natureza não inova: "*eadem sunt omnia semper*", as coisas continuam sempre iguais... Por isso o sábio pode morrer, como afirmava Gide, "totalmente *desesperado*". Todas as suas esperanças, ele realizou.

Mas o insensato se empanturra indefinidamente de alimentos que não o nutrem. Sua angústia parece uma bulimia da alma. É que ele só come vento.

*

Nem é preciso dizer que a morte que não é nada... é a minha. Os vivos podem, sem temer a deles, chorar a morte dos outros. Não por lastimá-los (não há por que lastimar o nada), mas porque lamentam a sua falta para sempre. Há falecimentos dos quais não nos consolamos.

Refletindo bem, e não obstante o que a imaginação possa pensar (se é que a imaginação pode pensar), minha morte é a única que, para mim, não terá nenhuma importância: nós não nos encontraremos. Isso permite aproveitar serenamente a vida. Porque quem não teme o nada da morte não tem nada a temer da vida. Sempre poderá partir...

Essa constatação apaziguadora pode ser generalizada. A morte só é triste para os vivos; se toda a espécie humana desaparecer (acontecimento que com razão Lucrécio anuncia), isso não vai ser triste para ninguém. O fim do mundo (do nosso mundo) é tão indiferente quanto certo. O sábio, que não teme a morte, tampouco teme o apocalipse.

Ele, de uma vez por todas, se curou do nada.

*

O que Pascal diz de todos os homens (que eles são como prisioneiros condenados à morte) é a situação efetiva de Julien Sorel ou de Meursault, na prisão. Ora, eles estão felizes. É que já deram o passo além. A morte já não lhes diz respeito: eles estão do outro lado.

Assim, contra a desesperança: viver do outro lado do desespero.

Do mesmo modo na música: o quarteto nº 14 de Beethoven chega até nós com acentos do além, como se viesse do outro lado do silêncio.

E a verdadeira vida, desde este mundo: do outro lado da morte.

É dar razão a Platão? Não. Porque os dois lados constituem um só (o tempo reencontrado em Proust, a eternidade em Espinosa).

*

Recusamos a morte por pretensão. É insuportável para nós imaginar nossa pessoinha reduzida a nada. E cada um de nós repete para si este título de filme: *"Um sujeito como eu não deveria morrer nunca"*. Mais humildade tornaria o nada aceitável.

*

A parte de mim que conhece, diz Espinosa, é eterna e, na medida em que conhece, não morre. Sou então imortal? Não, já que não sou unicamente conhecimento. Melhor: minha subjetividade, minha singularidade, meu "querido eu" (tudo aquilo em que sou diferente dos outros e de Deus), tudo isso não é conhecimento, logo morrerá. Mas que importância isso tem? Nenhuma; ou antes: imaginária.

*

Toda verdade é eterna: nossa morte lhe é indiferente!

*

Quanto mais me conheço, mais me aparto de mim. Tornar-se imortal é deixar de ser si mesmo. Essa é a única glória (é a palavra de Espinosa). O resto: pretensão.

*

Valéry: "As meditações sobre a morte (gênero Pascal) são feito de homens que não têm de lutar pela vida, de ganhar seu pão, de sustentar filhos. A eternidade ocupa os que têm tempo a perder."

Isso é verdade, mas não diminui em nada a meditação. Os que não têm tempo a perder é porque já o perderam – ou porque ele lhes é roubado. O tempo a perder é o tempo livre. Quem não o tem, está perdido por toda a eternidade. De certo modo: danado. Isso me lembra uma velha canção francesa...

Mas percebo neste instante que afinal de contas também ganho meu pão – e que é justamente nisso que às vezes me parece que perco meu tempo. Ou antes: perco minha eternidade. Ou ambos.

Todo tempo que não é consagrado ao eterno é tempo perdido. A eternidade é o tempo salvo – salvo do tempo. Assim: um amor eterno. Ou a arte. Ou a verdade.

*

Não existe nem natureza humana, nem homem natural. O que é natural no homem não é humano; o que é humano não é natural. O homem é social por natureza (Lévi-Strauss: "Quem diz homem diz linguagem, e quem diz linguagem diz sociedade"), portanto histórico. E isso, na escala humana, desde sempre. O homem é eternamente histórico. A história é a forma humana da eternidade.

Isso não significa que ela deva durar para sempre. A humanidade pode desaparecer (verossimilmente: ela desaparecerá). Isso não anula a história, mas a relativiza sensivelmente. Haverá um dia um universo tão perfeito quanto o nosso (tão real), em que não restará nada da cultura humana, em que os próprios nomes de Mozart e Michelangelo, e suas obras, e o último quadro do último pintor, em que tudo será apagado, como marcas de passos de manhã na praia – em que não restará nada desses "movimentos efêmeros", como diz ainda Lévi-Strauss, a não ser "a constatação abolida de que eles ocorreram, isto é, nada". A história é a forma humana da eternidade; mas a história não é eterna.

A força de uma filosofia pode ser medida pela capacidade que ela tem, ou não tem, de enfrentar sem medo nem evasivas essa precariedade essencial. As filosofias religiosas conseguem isso muito bem, e não é por nada. Elas foram inventadas para isso. Mas e as outras? Aqui, é preciso pensar em conjunto a eternidade absoluta do ser e a duração efêmera do homem, sem que esta se dissolva num triste e vão *"para quê?"* (o niilismo segundo Nietzsche ou Paul Bourget). Pensar a eternidade do ser sem que a vida do homem seja o nada. Pensar o absoluto e salvar o relativo.

Ora, o que pode, na vida de um homem, salvá-lo do nada? Certamente não, em primeiro lugar, sua inserção numa teleologia histórica qualquer, já que toda finalidade humana se dissolve, mais cedo ou mais tarde, no fim (o desaparecimento) do indivíduo ou da humanidade. O que pesa uma utopia, em face do nada derradeiro? A história não pode salvar nada, porque nada salvará a história. A finitude prescinde da finalidade. A posteridade não é uma salvação: é um adiamento (de resto ilusório). A história humana não terá a última palavra. É o que põe Marx em seu devido lugar. Todos nós obtivemos um *sursis* do nada.

A positividade da minha vida, o que a salva do nada, a primeira e a última palavra afirmativa em mim do ser – é a alegria, e somente ela. Quem é alegre não se pergunta "para quê?". A alegria se basta, ela não deixa nenhum espaço para o nada. Beatitude e plenitude andam juntas. O filósofo deve então pensar simultaneamente a plenitude eterna do ser e os meios concretos, temporais e temporários, da beatitude, portanto também, no cotidiano, da felicidade. Inserir o finito no absolutamente infinito, sem o dissolver. Epicuro faz isso. Espinosa faz isso. É viver o tempo *"sub specie aeternitatis"*. Isso tem o nome de *sabedoria*.

Não mais angústia, então, porém alegria. A angústia é o sentimento do nada. A alegria, o sentimento do ser. A primeira é sempre ilusória (já que o nada não é nada). A segunda, em seu princípio, sempre fundamentada (já que o ser sempre é). A ética e a metafísica se encontram aqui. A teoria do ser é prática da alegria e pedagogia da felicidade (por exclusão, nos três casos, do nada). O ser se pensa como verdade e se vive como alegria. A verdade em mim é alegre. A alegria é verdadeira.

Ora, a verdade não depende do tempo. Quando digo "num espaço euclidiano, os três ângulos de um triângulo são iguais a dois ângulos retos", enuncio uma verdade eterna. Ela nem sempre foi conhecida, mas sempre foi verdadeira e sempre será, mesmo quando ninguém mais estiver presente para pensá-la. Do mesmo modo, quando digo: "O ser é." Ou simplesmente: "Há um buquê de flores na mesa." Essas flores não estarão ali para sempre; mas é eternamente verdade que, no instante em que digo isso, essas flores existem e estão em cima da mesa. Dizer o provisório como verdade é dizê-lo como eternidade. Não serei sempre. Mas será eternamente verdade que fui. Assim, quem diz "eu sou", diz uma verdade eterna. Do mesmo modo quem diz: "Não serei sempre." Isso é eternamente verdadeiro. A experiência da verdade é sempre experiência de eternidade[1]. É o segredo da poesia, que é o segredo de toda arte.

A alegria é sentimento do ser: a verdade é alegre. Mas toda verdade é eterna. Toda alegria verdadeira, ainda que breve, é portanto eterna. O tempo não pode nada contra ela, nem a morte. Espinosa a denomina: beatitude.

Um indivíduo efêmero, numa sociedade efêmera, num planeta efêmero, num sistema solar efêmero, pode assim viver "entre bens imortais" (Epicuro). Isso sem dúvida é difícil. Tudo na vida nos leva em direção ao nada – em direção à infelicidade. Se tão somente o pensamento especulativo devesse nos levar ao eterno, talvez já houvéssemos desistido. Mas há na vida (de cada um?) momentos em que, ao sabor de uma música ou de um passeio, na paz de uma meditação ou no silêncio de um amor, "sentimos e experimentamos", como diz Espinosa, "que somos eternos". Esses momentos nunca serão toda a nossa vida (nunca seremos totalmente sábios). Mas podemos multiplicá-los, dilatá-los – fazer durar o eterno. Depois, a arte também nos ajuda, ao nos mostrar (vejam-se Vermeer ou Corot, ouçam-se Mozart

---

1. Ao passo que a mentira, o erro ou a ilusão são sempre redutíveis às condições temporais (históricas) da sua produção. Pode-se fazer a sua história, como se pode fazer a história das ciências, na medida em que (Bachelard) ela é "história das derrotas do irracionalismo". A história das ciências não é a história da verdade; é a história das suas descobertas progressivas pela humanidade, isto é, a história (necessariamente recorrente e normativa) dos erros superados. A verdade não tem história; a história é que é verdadeira (por isso ela é eterna – ainda que os historiadores só a conheçam no tempo e pouco a pouco).

ou Schubert...) que cada instante é eterno, ou pode ser. Proust também mostra, talvez melhor do que ninguém, como três árvores, uma sebe de espinheiros, uma lembrança ou um pequeno lanço de muro amarelo podem estar "livres da ordem do tempo" e portanto nos libertar desse tempo, dando a quem sabe percebê-los a sensação alegre ("uma alegria parecida com uma certeza e suficiente, sem outras provas, para tornar a morte indiferente a mim") da sua eternidade.

Tudo se inter-relaciona então: a vida, a arte e a filosofia. Porque "a verdadeira vida está alhures", diz Proust, " não na própria vida, nem depois, mas fora dela..." E Éluard, mais justamente: "Existe um outro mundo, mas está neste."

Poderíamos multiplicar as citações. Mas quem já não compreende que de Epicuro a Espinosa, de Vermeer a Corot, de Proust a Éluard, uma mesma voz se faz ouvir e que todas as palavras que ela pronuncia – felicidade, beleza, eternidade... – são nomes do ser? Sim, todos esses indivíduos mortos (filósofos, artistas, poetas...) dizem a mesma alegria eterna de existir, que também é, embora inconsciente, a das flores e dos passarinhos.

E o que é o amor, senão a alegria de viver a dois – um através do outro – essa eternidade? Os amantes são artistas nisso, e sábios em sua loucura.

Felizes os que se amam; a eternidade (aqui, agora) lhes pertence.

*

Sub specie aeternitatis, sub specie temporis... São, para nós, as duas faces do ser; mas que só se distinguem do ponto de vista da segunda (Espinosa contra Platão).

Tudo é verdadeiro: tudo é eterno.

A eternidade não está na frente de nós (Kant), nem atrás (Platão). Ela também não está "em nós"; nós é que estamos nela.

*

XI

*"A própria luta em direção aos pincaros
basta para encher um coração de homem."*

Albert Camus

*"Ele morreu perseguindo uma alta aventura;
O céu foi seu desejo, o mar sua sepultura:
Há mais lindo desígnio e mais rico jazigo?"*

Philippe Desportes ("Icare" ["Ícaro"])

"O talento sem gênio é pouca coisa", nota Valéry. "O gênio sem talento não é nada." Isso não significa que o talento seja mais elevado do que o gênio. Ao contrário. Mas sim que o mais alto (aqui: o gênio) não é nada sem o mais baixo – quando o baixo sozinho ainda é alguma coisa.

O mesmo se dá com uma casa: tire-se o telhado, continua-se tendo as paredes e os alicerces. Retirem-se os alicerces...

Isso esclarece o alcance do materialismo. Se, como diz Auguste Comte, é de fato "a doutrina que explica o superior pelo inferior", o alto pelo baixo[1], isso não acarreta que ele negue a baixeza relativa de um, a altura maior do outro. Ser materialista não é recusar a hierarquia dos valores, é enraizá-la no real. Vale dizer, o baixo é objetivamente mais importante do que o alto (já que o sustenta), mais fundamental, mais determinante. Isso não o impede de ser menos belo ou menos interessante, ou mesmo subjetivamente secundário. O mais importante, na ordem real das coisas, nem sempre é o que mais me importa. O que me agrada, nas florestas, não são as raízes.

---

1. Por exemplo, o pensamento pelo cérebro, a vida pela matéria inanimada, o espírito pelo corpo, a política pela economia, a consciência pelo inconsciente, etc. É nesse sentido que Epicuro, Diderot, Marx ou Freud são materialistas, cada um a seu modo.

O mesmo vale para a pulsão e o sublime, de acordo com Freud: um suporta o outro, mas não equivale a ele. O animal suporta o homem, mas o homem supera o animal.

Assim também a economia, de acordo com Marx: ela determina ("em última instância") a política; não a substitui (contra o economicismo).

Ser materialista é reconhecer que os alicerces são fundamentais. Não é se encerrar em seu subsolo. Sua casa poderá ser tanto mais alta, a vista será tanto mais bonita, no último andar, quanto mais sólidos forem seus alicerces. Mas é a vista que conta.

Cuide do animal que há em você – para se tornar mais humano.

Estude a economia – para fazer política.

Em suma: seja materialista – por seus ideais.

As árvores se alimentam pelas raízes. Mas crescem pela copa.

Voltemos a Valéry. O talento suporta o gênio? Sim e não. Sigamos a metáfora. O gênio é o telhado. O talento são as paredes. Os alicerces... Valéry não é bastante materialista. E Freud, mais profundo – no sentido em que um subsolo é profundo, e por isso sempre um pouco triste e sujo, sombrio e misterioso... Valéry, em sua prosa, tem o brilhante das paredes lisas à luz plena. Quanto ao telhado, "esse telhado tranquilo, em que caminham as pombas"... Valéry também é, às vezes, um poeta genial.

*

Essas pessoas que passam a vida olhando para o próprio umbigo, ou mais embaixo, analisando seus complexos, sondando seu inconsciente, contemplando suas fantasias...

Elas são para Freud o que o economicismo é para Marx: seu aviltamento. Vivem encerradas em seu subsolo. E nos chamam de ingênuos quando dizemos que a luz existe!
A escuridão as cegou.

*

Nosso objetivo? Uma verticalidade sem transcendência. Há precedentes:
"*Deus ille fuit, deus*" ("Foi um deus, sim, um deus"), diz Lucrécio a propósito de Epicuro. E acrescenta: "A religião, graças a ele, foi derrubada e pisoteada, e nós, a vitória nos eleva até o céu."
Também: a Comuna de Paris, o "assalto ao céu".
O amor: teus olhos, como um céu aberto.
A obra de arte: voltada, ascensionalmente, para si mesma.

Flaubert escreve: "Acima da vida, acima da felicidade, há alguma coisa de azul e de incandescente, um grande céu imutável e sutil cujo resplendor que chega até nós basta para animar mundos. O brilho do gênio não é mais que o pálido reflexo desse Verbo oculto..." É exagerar, sem dúvida. O Verbo não tem de se fazer carne, mas a carne, verbo. Nem o céu tem de descer: nós é que devemos subir.
Chamamos de *céu* o horizonte imanente da nossa verticalidade.

*

O desejo, como um jardim que bascula. Então há um alto e um baixo.

*

Não é preciso crer em Deus para amar. Nem crer no amor para ter uma ereção. O inverso é que é verdade. O sexo existe antes e inventa os sonhos de que necessita.

*

A pedra de toque hoje das almas um pouco elevadas: ter o senso do absoluto.

As outras passam diante de Notre-Dame de Paris sem se virar, ou se perguntam apenas quanto aquilo pode ter custado... Corações secos, almas de mercadores! Tendo Deus ido embora, a casa já não lhes interessa. Nós, ao contrário: vai ser preciso habitá-la!

*

"Tudo é relativo": é uma ideia pobre, mas verdadeira.
"Não há absoluto": seria uma ideia forte (suas capacidades de destruição são infinitas) – mas é uma ideia falsa.
O absoluto está em mim. É esse relativo que não largarei nunca – aquilo de que faço questão *absolutamente*.

O absoluto: eu mesmo, então? Claro que não! Sinto muito bem que ele me supera. Eu poderia morrer por ele; não por mim.

*

Um absoluto sem transcendência; um absoluto sem mistificação.
Se só houvesse absoluto mistificado, melhor seria o relativo. Antes o desespero que a renúncia.
Morre de pé.

DO CORPO

*

A angústia quase não é um sentimento; é uma sensação. Um espírito puro não a conheceria. Ele poderia ter medo (há perigos espirituais); nunca ficaria angustiado. A angústia não é um estado de alma; é um estado de corpo. Clinicamente (para mim): uma sensação de vazio à altura do esterno (ou do diafragma?), que não é muito diferente, de fato, de uma náusea; uma espécie de febre fria; as mãos úmidas e as pernas que fraquejam; enfim, o coração, às vezes, que parece se apertar ou sufocar... Esse mal-estar corporal não é o *sinal* da angústia; é a própria angústia. O fenômeno, se não suas causas, é físico. Uma droga pode suprimi-lo, e não é ruim que o faça: ela devolve as coisas aos devidos lugares. Mas também não se deve abusar delas. Não embotemos depressa demais os aguilhões do corpo. A angústia é um deles.

Não gosto no entanto que seja excessivamente valorizada. Não há estado, acho eu, menos "espiritual". Esse vazio, essa sensação de ausência, esse desgosto de si e de tudo: dir-se-ia que a própria alma partiu, volatilizada, e que o corpo padece com isso. Angústia: mal-estar de quem perdeu sua alma? É antes evidência de não a ter. A angústia tem sua parte de verdade. Mas somente sua parte: o contrário da angústia é a grandeza de alma.

*

Diferentes maneiras de apresentar a vida dos homens. Um amigo me diz: "Os homens são governados pelo sexo. O único problema deles é o desejo, mas eles não dizem." Pode ser. Também se pode dizer que tudo, na vida, se reduz a sobreviver, que ganhar o pão ou fazer fortuna são o essencial. Tudo isso não é errado, ou não completamente.

Mas, supondo que os humanos só vivam para o dinheiro ou o sexo, é apenas um lado da questão. Eles vivem para isso, tudo bem, "só pensam nisso", pode ser, mas *não morreriam* por isso. Kant já havia observado: ninguém sacrificaria a vida por sua fortuna ou seu prazer.

Ora, muitos homens sacrificaram a vida por outra coisa. Outros ainda o fazem, e o farão.

Existe outra coisa, portanto.

Pelo menos: existe outra coisa na vida deles. Quanto ao mais, cada um que escolha seus modelos.

Dir-se-á: se ninguém pode sacrificar a vida por seu prazer ou sua fortuna, é porque esses dois objetos supõem a vida: é preciso estar vivo para gozar ou ser rico. Por isso não se pode dar a vida pelo que a supõe.

Justamente. É justamente por isso que só posso morrer pelo que, em minha vida, a supera: o que chamo de absoluto.

Que existe, se eu *quiser*.

Para dar um exemplo, que não seja muito pomposo, compreende-se que um desejo sexual é sempre relativo. Platão diria: mutável e provisório. Não se morre por um desejo. "Somente os amantes sabem morrer um pelo outro", escreve Platão. O amor é um absoluto, ou pode ser.

(Utilizo aqui a morte como pedra de toque do absoluto, mas é a vida que vale. Assim, o jaspe é pedra de toque; mas para provar o ouro. Louco quem esquece o ouro pelo jaspe!)

*

Simone Weil: "O baixo e o superficial estão no mesmo nível. Ele ama violentamente mas baixamente: frase possível. Ele ama profundamente mas baixamente: frase impossível."

O paradoxo do amor é então o seguinte: que isso que é o mais profundo em mim, o mais íntimo do meu ser e sua parte mais elevada, possa vir de um outro ou se reflita nele: meu amor de alto voo, minha pérola de absoluto!

*

Paris, cidade luz: Notre-Dame e a Comuna! Duas forças que se opõem e que, uma contra a outra, se elevam. É como a abóbada e os arcobotantes de uma catedral – ascensionalmente contraditórios e complementares. Suprimir estes ou aquela? Seria absurdo, e tudo viria abaixo. É junto que eles são úteis – que sobem "ao assalto do céu".

*

O que é o homem? Um animal que sofre por não ser Deus. Em outras palavras: um animal que se aborrece.

Só há portanto dois remédios para o tédio: a bestialidade... ou a divindade (digamos: a sabedoria). Passar por baixo ou por cima da angústia ou do tempo... Por baixo: é preciso se abaixar. Por cima: é preciso pular. Num caso, rasteja-se. No outro, cai-se de novo no chão.

O sábio é aquele que não cai mais.

*

Dois tipos de serenidade: aquém ou além da angústia. A besta... ou o Bom Deus. O imbecil... ou o sábio. Tanto caminho, seria preciso? Mas não temos como escolher.

*

Por que parecemos nietzschianos.
Porque somos do nosso tempo. Nietzschiano é o século XX! Se Deus morreu – esse Deus que, para quase todos, não era mais que um ídolo –, o que resta, para quase todos, senão essa idolatria do corpo que é o nietzschianismo?

Os filósofos gregos nunca pensavam baixamente. Era-se Platão ou Epicuro, idealista ou materialista, mas continuava-se nas alturas. Hoje, se desce... Idolatria contra idolatria, a do corpo ou a da alma, baixeza contra baixeza – Nietzsche ou madame Soleil*.

Por que não somos nietzschianos.
"Nós": nosso tempo. Porque seria preciso coragem, pelo menos!

"Nós": o que procuro ser (portanto, também o que não sou; não sou do nosso tempo?). Porque somos espinosistas – discípulos daquele mestre que fazia Nietzsche "se arrepiar", que Nietzsche achava "pálido" demais para ele, e de fato: transparente como a luz.

Nossa gaia ciência é uma alegria da razão. Não temos o culto do nosso corpo. Não somos seus prisioneiros. Somos outra coisa, então? Claro que não. Somos libertados de nós mesmos, curados do nosso "eu".

Preferimos a música à dança.
Já não temos ídolos.

---

*Astróloga francesa cujo programa radiofônico teve enorme audiência a partir dos anos 70. (N. do T.)

*

Nada a conservar de Nietzsche? Nada de original. Tudo o que há de bom nele já estava em Epicuro ou Espinosa. E o resto é insuportável.

O nietzschianismo é uma perversão do materialismo, isto é, epistemologicamente, sua inversão: o alto cai para o baixo... É um materialismo que desce. Como Zaratustra da sua montanha!

Assim, cada materialismo é passível de degenerar numa versão nietzschiana: para Epicuro, Horácio; para Diderot, Sade; para Marx, o economicismo; para Freud... os psicanalistas.
E para Espinosa? É óbvio: Nietzsche!

*

O Zaratustra de Nietzsche é severo demais com os humanos quando, criticando-os por não fazerem nada para "superar o homem", ele lhes diz: "Todos os seres até agora criaram algo acima deles, e vocês querem ser o refluxo desse grande fluxo e voltar à besta em vez de superar o homem?" Porque não é verdade que os homens não criaram nada acima deles: criaram deuses. E, se estes não existem realmente, é porque sua existência real é impossível. Assim, ao contrário, louvemos os homens: eles criaram o impossível!

E diga-se o que for: esses deuses impossíveis eram, apesar de tudo, bem mais que o teatro de fantoches nietzschiano, com sua mitologia de pacotilha: o eterno retorno, o super-homem, a vontade de potência, a ponte e o abismo, os amos e os escravos, essa apologia da força e do desprezo, essa glorificação de si carregada de ódio... Isso faria sorrir, não fosse a história.

(Nietzsche não era nazista? Como poderia ter sido? Mas quantos nazistas foram nietzschianos?)

Amar não o homem mas o que o supera não é tender para a negação super-humana do humano. É amar no homem, em todo homem que se mostre digno, o impossível que ele traz em si.

O homem não é um fim, é verdade; mas também não é uma ponte. O homem não é nem fim, nem passagem, nem declínio. O homem é um olhar (*theorein*: objetivar, contemplar). Ele enxerga mais longe do que si próprio, e mais alto, lá onde nada existe nem jamais existirá – nada, só o impossível.

O homem, poder de sonho. Somos os espreitadores do impossível.

Se quisermos agora navegar rente a esse impossível, apreender pelo pensamento esse sonho, sondar racionalmente esse olhar, o que encontramos? O conjunto infinito do possível, isto é, a universal necessidade. Nada está mais perto dos deuses impossíveis do que o conjunto real, possível e necessário, de tudo o que existe. Nada está mais perto dos deuses – é o que os pré-socráticos já haviam compreendido – do que a natureza universal e infinita.

Portanto, uma vez que Deus e o super-homem foram rejeitados, resta o sábio. Rejeitados Pascal e Nietzsche – resta Espinosa.

*

Humano, demasiado humano? Nunca se é demais. O sábio não é um super-homem; é um homem libertado.

*

Tudo o que há de bom em Hegel (o real e o racional, o senso da verdade e do sistema, a imanência e a totalidade...) já estava presente em Espinosa. E tudo o que há de bom em Nietzsche (o imanentismo, a afirmação da alegria e da vida, a rejeição do livre-arbítrio, do moralismo e dos além-mundos, a exaltação do corpo...), também. Mas o que há de bom em Hegel não está presente em Nietzsche, nem sempre o que há de bom em Nietzsche está presente em Hegel. Portanto Espinosa é o maior, não só porque é o primeiro, conforme a ordem do tempo, mas porque é o mais completo, e talvez o único a sê-lo.

*

Um colega me diz: "Para que haja movimento ascendente, é preciso haver um alto. Você quer pensar a ascensão negando a existência do alto. É contraditório."

Não. O baixo é primeiro. É o que dá razão a Hesíodo, contra o Gênese: o Abismo (*khaos*) existe antes, depois a Terra (*Gaia*), que gera o Céu (*Ouranos*), seu filho e amante, lugar dos deuses e das estrelas. É apenas mitologia? Que seja. Veja-se então o universo como nossos físicos o descrevem: todas as direções se equivalem (não há nem alto nem baixo absolutos). Mas é a atração terrestre que, puxando-me para um "baixo", me faz sentir que há um "alto". É por isso que, diga-se de passagem, as pessoas dos antípodas não andam de cabeça para baixo: o centro da Terra, tanto para eles como para nós, impõe sua lei, que faz céus diferentes para nós. Por isso não há verticalidade, para um humano, a não ser pela Terra. O espaço infinito não tem alto nem baixo; é por isso que não há um céu. Mas a gravitação faz, para o homem, como que uma anisotropia essencial, que *verticaliza* o mundo: o céu só está em cima de nós porque a Terra está embaixo.

O mesmo se dá com a vida dos indivíduos, que começa no ponto mais baixo: veja-se um recém-nascido. Mas o alto também existe nisso: porque sou baixo, sempre há mais alto que eu. A criança tem de seus pais, primeiro, uma experiência vertical, em todos os sentidos da palavra. Nos primeiros anos da minha vida, meus pais sempre são maiores que eu, mais fortes, mais inteligentes, mais corajosos... Eles me amam mais (e antes) que eu os amo. Eles também são bonitos antes de mim (será que tenho um rosto?). Em suma, e Freud disse isso, é claro, meus pais têm todos os atributos da divindade – e vice-versa. O sorriso deles é a primeira graça. Sua cólera, o primeiro castigo. O alto existe porque o recém-nascido é muito baixo. Por isso, diz-se apropriadamente em francês que se *eleva** uma criança: de baixo para cima.

*

A sublimação não é o sentimento do sublime. É o tornar-se sublime do sentimento.

*

---
* Em francês, o verbo *élever*, elevar, significa também *criar* (os filhos, assim como animais). (N. do T.)

O alto não existe primeiro, mas sim o baixo. Quem nascesse adulto talvez nunca tivesse o senso da verticalidade, no sentido moral do termo. É ser pequeno que faz admirar os grandes – e que dá vontade de crescer.

Diderot em *O sobrinho de Rameau*:

> "Se o pequeno selvagem fosse entregue a si mesmo, se ele conservasse toda a sua imbecilidade e reunisse ao pouco de razão da criança de berço a violência das paixões do homem de trinta anos, ele torceria o pescoço do pai e iria para a cama com a mãe."

Podemos ver aí como que o pressentimento da teoria freudiana do complexo de Édipo. Mas, sobretudo, isso sugere que nascer adulto seria condenar-se à animalidade ou à barbárie. A humanidade, a civilização, o espírito são o fruto da infância ("o filho é o pai do homem", diz Freud). E é porque a infância, nos humanos, é muito mais longa do que em qualquer outra espécie animal, que a cultura pôde e teve de assumir a importância que sabemos, que transforma um pequeno *Homo sapiens* em ser humano. A superioridade da humanidade nasce da longa inferioridade da criança.

*

O complexo de Édipo é o aprendizado – no mais baixo – da verticalidade. A primeira ascensão é desejo; a segunda, ódio. "A história", dizia Marx, "sempre avança por seu lado ruim." O indivíduo também. Mas avança: de baixo para cima.

Não façam no entanto como Édipo, que, ao descobrir isso, fura os olhos. Não é o melhor meio de ir em frente.

Freud:

"Deus justo e todo-poderoso e a natureza benevolente aparecem para nós como sublimações grandiosas do pai e da mãe, como renovações e reconstruções das primeiras percepções da infância. A religiosidade está relacionada, biologicamente, à longa carência e à contínua necessidade de assistência da criança humana."

Isso dá às Beatitudes, inclusive contra Nietzsche, uma parte de verdade: o sentimento do alto é dado primeiro aos fracos; são primeiro as crianças que têm o senso da grandeza. Ora, fracos, pequenos, os humanos sempre são. Os elementos naturais, o sol, o raio... vão substituir os pais. Que religião se pode compreender melhor do que o culto solar? Depois um Deus transcendente. Há sempre algo mais alto que eu, porque sempre tenho medo de alguma coisa.

Esse medo talvez seja o primeiro sentimento *vertical* que nos é dado, e por isso o mais baixo, a primeira emergência em nós (ainda toda negativa) do sublime. Imaginamos os primeiros homens e seus terrores... A religião estava no fim, e a moral, e todo o sublime. Numa palavra: o espírito. No princípio era o medo.

O temor de Deus é o princípio da fé. Quem tem medo está a ponto de admirar. Quem admira vai amar logo.

Se se admite que a coragem humana é sublime (o que sem dúvida é), há que dizer que a coragem nasce do medo, e não o inverso. Creio ver nisso uma espécie de evidência.

Os animais também têm medo. Também são corajosos, e, conforme as espécies ou os indivíduos, mais ou menos.

Mas vê-se a diferença: sem linguagem e com pouquíssima imaginação, o medo é limitado aos perigos reais e atuais. A linguagem e a imaginação libertam o medo e fazem temer – logo ser – o que não existe. Sem elas, o medo permaneceria estéril e jamais daria à luz o sublime. No princípio era o medo. Mas o Verbo é que o fecunda. Revanche do Gênese contra Hesíodo.

*

Marc me disse uma noite: "Não sou ateu... Um dia, eu estava num campo, deitado debaixo de uma árvore; e no campo havia uma vaca. Olhei um bom tempo para ela. E de repente tive como que uma evidência, o sentimento nítido, a certeza de que a vaca também não acreditava em Deus. Essa unanimidade contra ele me pareceu suspeita..."

Mas se a vaca falasse provavelmente acreditaria em Deus. Ela deve ter bastante medo para isso.

A vaca muda está aquém de Deus. Nós vamos além. Além do nosso medo.

*

Nada de grande sem coragem. Esse pensamento, que é de experiência, pode enganar. Alain via nele uma virtude de otimismo: nenhuma coragem, dizia, sem fé, e nenhuma fé sem esperança. Mas não creio nisso. Porque então os ateus não poderiam morrer corajosamente, como às vezes fazem. Essa coragem é a que mais me comove, não diante da morte, que é apenas um exemplo, mas diante de nada. Essa coragem completamente nua, que dizem ser a do desespero, é a vontade pura, reduzida a si e, por isso, invencível.

Não é uma virtude; é (e pode ser que aqui, por uma vez, Kant e Espinosa convirjam) a própria virtude. O bem não é para ser contemplado, mas feito. É aí que a moral se distingue da religião, ou mesmo se opõe a ela. O esforço para se portar bem (*conatus, virtus*) é o próprio bem.

*

O dia em que você viver verdadeiramente, já não terá medo da morte.
No dia em que você estiver verdadeiramente morto, já não terá medo da vida.
Sei o que é a sabedoria. É o contrário do medo.

*

A filosofia é a coragem da razão, dizia eu. Mas quando já não há medo – já não se precisa de coragem. A sabedoria é isso mesmo. A filosofia leva a isso, contanto que se renuncie à filosofia. Mas você terá coragem de renunciar à sua coragem? Completamente nu. Completamente só. Para ir *ao outro lado do medo*.
Assim, filosofar é uma viagem rumo à infância.

*

O RISO DE EPICURO

"É preciso rir enquanto se filosofa."

EPICURO

Epicuro sabe o que quer. Quer ser feliz, isto é, gozar, já que "o prazer é o começo e o fim da vida feliz". Mas a felicidade é um prazer da alma: o sofrimento físico não a impede (Epicuro, que não será poupado pela doença, deu a demonstração prática disso); tampouco basta para ela o prazer do corpo (os depravados são tristes). Essa felicidade é dada aos deuses imortais, não aos homens. Para os mortais, ela é o fim, ao mesmo tempo que o resultado, da filosofia, que Epicuro define assim: "A filosofia é uma atividade que, por discursos e raciocínios, nos proporciona uma vida feliz." E não creio que, de dois mil e trezentos anos para cá, tenha sido dada melhor definição para a filosofia.

Assim, a filosofia é para a alma o que a medicina é para o corpo. Ela se resume a um "quádruplo remédio" (o *tetrapharmakon*):

– Não há nada a temer dos deuses;
– Não há nada a temer da morte;
– Podemos suportar a dor;
– Podemos alcançar a felicidade.

Essa felicidade, Epicuro chamava de *ataraxia*, ausência de perturbação. É o prazer do repouso da alma.

É um equívoco ver nisso um estado negativo. No entanto, "evitar a dor física e a perturbação da alma", como diz Epicuro, parece não ter nada de positivo: muitos o veem apenas como uma estratégia de fuga. O sábio epicurista só seria feliz, então, por abuso de linguagem. Ele se contentaria em não ser infeliz.

Interpretação corrente; interpretação falsa. O fim perseguido é de fato uma ausência: "Entendemos o prazer como a ausência de dor para o corpo, a ausência de perturbação para a alma." Mas a dor e a perturbação é que são negativos. Sua supressão (negação da negação) cria um estado positivo – o prazer. As palavras é que são malfeitas. É que elas exprimem apenas a regra comum, que é de sofrimento, não de exceção, que é sabedoria.

Por exemplo, a fome é uma carência. Não ter fome (a "não fome") só é negativo de um ponto de vista gramatical. A positividade verdadeira (o prazer) é comer (prazer em movimento) ou ter a barriga cheia (prazer em repouso).

Isso é verdade também para os desejos da alma. O que ela deseja? A ausência de perturbação (a ataraxia). Mas a própria perturbação é ausência: já que é desejo do que falta. Quem tem tudo (isto é, quem é feliz, já que "quando temos a felicidade temos tudo") não tem portanto mais nada a desejar. Mais nada, por conseguinte, lhe dá medo: a própria morte o deixa indiferente. O que ele desejaria? "Uma vez realizado esse estado em nós", escreve Epicuro, "todas as tempestades da alma se desfazem, pois nosso ser não tem mais de ir em busca de nada que falte..." A ataraxia é o desaparecimento de toda falta; em outras palavras, é a ausência de toda ausência, a ausência de todo vazio, em suma, o pleno absoluto – a plenitude. Estado físico do átomo (matéria sem vazio); estado espiritual do sábio (prazer sem falta). Negativo? Ao contrário! A única coisa que é "negada" aqui é o nada (o desejo como falta: os desejos vãos, ocos ou vazios, é a mesma palavra). Negação do nada, a ataraxia é afirmação do ser. A extinção da sede, como diria um budista, só é "negativa" aos olhos dos que são prisioneiros da falta. Para o sábio, ao contrário, não carecer de mais nada é ter tudo. Onde o não ser não está (onde não está o vazio), o ser está, sem negação nem falta (o átomo, o sábio). Beatitude: plenitude.

Essa plenitude é gozo de eternidade. Somente a falta e o temor nos projetam para fora do presente – fora do ser e de nós mesmos. Quem está libertado da falta vive num eterno presente: o sábio, que se "libertou das ilusões que produzem os temores vãos e os falsos desejos, pode, consciente e calmo, experimentar a alegria pura e, sem ser eterno, viver em eternidade como um deus" (Marcel Conche).

Longe de ser "negativa", a ataraxia é portanto um estado tão positivo que não pode ser mais aumentado. Não é um ser mínimo; é um ser máximo. É o prazer em repouso da alma, enquanto a alegria era seu prazer em movimento. Compare-se com a noção de beatitude em Espinosa. O sábio não tem esperança nem temor. Não deseja nem mesmo que esse estado feliz continue, isto é, se prolongue no tempo: visto que é eterno (*Ética*, V, prop. 33 e escólio), já não depende do tempo. A morte lhe é, portanto, indiferente (V, props. 38 e 39). O sábio já não deseja nem mesmo a si próprio! Narciso já morreu; é por isso que o sábio é imortal.

Não iremos tão alto assim? Sobre as estrelas também não; o que não nos impede de olhar para elas. O absoluto não está ao alcance da mão. Está ao alcance do olhar.

Compreende-se o entusiasmo de Lucrécio, que via em Epicuro como que um deus (*"deus ille fuit, deus"*) e, seguindo-o, sentia *"quaedam divina voluptas"*, certa volúpia divina...
Quer isso dizer que o epicurismo é uma religião? Claro que não. Ele não tem nenhuma das características de religião, nem objetivas (a separação entre o sagrado e o profano) nem subjetivas (a submissão, a esperança e o temor). Tornar-se deus não é prolongar a religião, nem inventar outra. É dar-se os meios de prescindir dela. A religião é a falta de Deus, na medida em que o homem fantasia seu objeto. E sabe-se que muitos ateus permanecem religiosos nisso, por essa própria falta: a palavra *a-teísmo* evoca suficientemente esse fato. Epicuro, como Espinosa, inventa um "ateísmo" que já não é ausência de Deus (sua falta, seu desejo insatisfeito,

sua nostalgia), mas a plenitude do ser. Religião, ateísmo... são duas faltas. A sabedoria é a plenitude que anula ambas. Os deuses não são ateus, é claro. Mas tampouco têm religião. O sábio também não. Sua felicidade não tem margem, e seu riso, como o dos deuses, segundo Homero, como o de Demócrito, segundo a tradição, é "inextinguível".

Parece-me ouvi-lo ainda – hoje.

*

Não há nem bem absoluto, nem belo absoluto. Isso não implica que o belo e o bem não tenham valor, mas somente que seu valor é sempre relativo (ao corpo, à sociedade, à história...). Relativismo? É preciso: não há Belo nem Bem *em si* (Epicuro contra Platão, Espinosa contra Leibniz, Marx contra Kant).

Mas sinto muito bem que não é tão simples assim e que a relatividade do bem é mais difícil de pensar do que a do belo. As aranhas que achamos feias podem nos achar horrorosos e admirar em suas congêneres, talvez, uma certa beleza sempre misteriosa para nós... Em compensação, se elas tivessem uma moral, ou se os extraterrestres tivessem uma moral, poderia ela ser radicalmente diferente da nossa? É concebível uma moral que legitime a mentira e condene a sinceridade? Quem preferiria a crueldade à benevolência, o egoísmo à generosidade? Parece às vezes que a escolha é entre a moral e sua ausência, ou entre mais moralidade ou menos moralidade, mas que não se tem escolha entre várias morais opostas. Rousseau não está totalmente equivocado nesse ponto, contra Montaigne ou contra a imagem que ele tem de Montaigne, e acho que Montaigne lhe concederia isso. Assim, podemos ser mais razoáveis ou menos razoáveis, ou diferentemente, embora só exista uma razão. Vê-se que Kant não está tão longe assim.

"Seu problema é conciliar a relatividade da história com a absolutidade da moral...", me diz um amigo. Sem dúvida. Mas Espinosa talvez o resolva, ele que se interessava pelas aranhas e meditou por muito tempo, pelo menos é o que quero crer, sobre a sua singular feiura... Sabe-se que para ele o belo e o bem, o feio e o mal não têm, do ponto de vista de Deus, nem ser nem verdade. São valores relativos, que só valem para sujeitos. Eu gosto, nesse pensamento do absoluto, que ele redunde assim, para o homem, na humildade do relativismo. O homem é a medida de todas as coisas? Claro que não! O racionalismo se opõe a isso. Não há outra medida, para a verdade, senão a própria verdade (*verum index sui*). Mas o homem é a medida *do valor* (humano) de cada coisa. A medida, isto é, a norma, mas também o limite. Racionalismo e relativismo andam juntos: verdade, só há divina (objetiva) e valor, só humano (subjetivo). Isso não impede que, por um efeito específico de ilusão que as ciências humanas poderiam de direito explicar, uma moral relativa possa ser vivida em termos de absoluto – que o que é objetivamente relativo (do ponto de vista de Deus) seja subjetivamente vivido (do ponto de vista dos homens) como absoluto. E que se possa morrer por valores dos quais somente os homens, ou alguns deles, vivem[2]. Pode-se crer absolutamente em valores relativos.

---

2. Quem morre por uma causa não pretende – ou só pretende equivocadamente – que ela seja a de Deus. "*Gott mit uns*" é a fórmula de todos os fanatismos, inclusive leigos. Não é por acaso que o budismo é a menos sangrenta das religiões: já que não há absoluto (salvo o próprio relativo), pode-se muito bem morrer por uma causa que se crê justa, mas tem-se menos o gosto de assassinar. Esse relativismo não é o fim da moral; é o fim do terror. E gosto também, a esse respeito, numa tradição totalmente diferente, da sabedoria sorridente de um Montaigne. Ao contrário, as guerras de religião, as cruzadas, as fogueiras, etc., sempre foram legitimadas pela ideia de um fun-

E porventura não é uma definição aceitável da ideologia a de que ela é aquilo por que – aquilo em que – o relativo se vive ao sol do absoluto? Sol ilusório tanto quanto quisermos mas, para o homem, insuperável: já que esse "sol real" é o próprio homem, como diz Marx, isto é, sua história. A única "revolução copernicana" seria ser Deus. Somos, quando pensamos de verdade. Mas é preciso viver; e sou homem.

*

Foi há muito tempo...
Um dia, querendo resumir o conteúdo da minha posição filosófica de então, eu tinha dito a Marc, para encerrar

---

damento moral absoluto. A história nos ensina que um certo messianismo marxista pode levar, tragicamente, ao mesmo resultado. O stalinismo decorre, metafisicamente, da seguinte ideia: o combate político pode ser travado do ponto de vista de Deus, isto é, ao mesmo tempo do ponto de vista do Bem (a justiça, o comunismo) e de uma classe operária hipostasiada (o partido ou seus dirigentes). A mentira generalizada é então a consequência (que só é paradoxal em aparência) de uma pretensão indevida à verdade. Ler Marx através de Espinosa é, ao contrário, compreender que não há política científica: só há um conhecimento científico (pelo menos possível) *do* político. Nem moral verdadeira: só há um conhecimento verdadeiro (como tal amoral) do que os homens vivem como moralidade. É o que distingue a história, como ciência, da política, como prática. Como esta última se desenrola na esfera da ideologia, ela está por inteiro – como a arte, a moral e toda a vivência dos homens – do lado da ilusão ou, para evitar os mal-entendidos, do lado do relativo. Isso não quer dizer que a política não tem sentido, mas, ao contrário, que tem sentido. A verdade da política é que nenhuma política é a verdadeira (verdadeiras todas elas são, visto que existem), nem mesmo *verdadeiramente* a melhor (isso depende dos pontos de vista, dos interesses, das doutrinas). Isso não impede que o que vivemos necessariamente *na ilusão* possa ser conhecido *em verdade*, ou que a subjetividade, dá na mesma, possa ser conhecida objetivamente. Esse é o espaço aberto às ciências humanas; uma teoria verdadeira (objetiva) das nossas ilusões (subjetivas). Quanto ao militante – basta-lhe não mentir.

sentenciosamente uma das nossas discussões de estudantes: "O que é preciso compreender é que o sentido nunca é autônomo nem autossuficiente. Ele é sempre determinado por outra coisa que não ele mesmo, do qual tira, precisamente, seu sentido... É por isso que o sentido não é Deus. É por isso que Deus, se existisse, não teria sentido."

Já não sei se Marc me respondeu, nem o quê. Pelo visto, na época eu ouvia pouco as respostas que me davam... Mas ele poderia ter respondido, pelo menos, que, se o *sentido* não era autônomo, a *verdade*, por sua vez, que só depende de si mesma, era. *Verum index sui...* Creio que isso eu lhe teria concedido.

Todo sentido (todo valor, toda norma, toda justificação) é exógeno e heterônomo: princípio de base do materialismo. Isso quer dizer que todo sentido é produzido por outra coisa, que não o tem. É por isso que ele decorre de uma interpretação (no sentido freudiano do termo), de uma história ou de uma genealogia, que o explicam (por suas causas).

Toda verdade é endógena e autônoma: princípio de base do racionalismo. Isso quer dizer que toda verdade é eterna. Ela não tem causas (que seriam exteriores ao verdadeiro), mas razões. Ela não precisa ser interpretada, nem explicada (por suas causas). Basta-lhe ser conhecida e compreendida.

Heteronomia do sentido, autonomia da verdade.

Levei dez anos, desde esse dia, para conciliar essas duas afirmações e para aceitar a consequência que daí decorre e que é a única que permite articular uma com a outra, a saber, que *a verdade não tem sentido – nem o sentido, verdade*[3].

---

3. O leitor deve ter compreendido – é pelo menos o resultado que visava esta coletânea – que isso não diminui em nada o sentido do que tem um sentido, nem a verdade do que é verdadeiro. Trata-se simplesmente de

E hoje vejo aí uma simplicidade tal que não me surpreende que eu tenha necessitado de dez anos para alcançar. O simples é o mais difícil.

*

"Ostra é gostoso": frase nem verdadeira nem falsa. Não é um conhecimento; é um juízo de valor.
"Ostra é ruim": idem.
Mas a frase: "Ostra não é objetivamente bom nem ruim; é uma questão de gosto, não de verdade", *essa frase é verdadeira*. A verdade a que tende o materialismo é dessa ordem.
Isso não impede que se goste de ostra. A verdade não depende do gosto, nem pode substituí-lo.

*

O que é a verdade? A adequação do pensamento e do ser (*veritas cognoscendi*), ou o próprio ser, na medida em que é pensável (*veritas essendi*).
Entendo por *verdade* o que Deus conheceria, se ele existisse. O fato de ele não existir não altera em nada a questão. De outro modo, não poderíamos dizer que a ignoramos, nem que a buscamos, e até o ceticismo seria impossível (não haveria nada mais que a sofística).

*

---

disjungir as ordens. O resto é mistificação. Mas, no que concerne a viver, o homem é sempre pego nestas duas ordens ao mesmo tempo: sentido e verdade, ilusão e conhecimento, valor e ser, ponto de vista dos homens e ponto de vista de Deus... Mistificado não é quem tem ilusões (todos nós as temos: somos sujeitos), mas quem se iluda... acerca das suas ilusões.

Nenhum conhecimento é a verdade. Mas, se a verdade não existisse, não haveria conhecimento algum, tampouco ignorância. À glória do racionalismo.

Essa verdade não tem valor intrínseco: só vale para quem a deseja, busca ou ama. À glória do materialismo e, de novo (mas em outro sentido), do racionalismo.

*

O valor não é verdadeiro; mas isso não diminui em nada seu valor (já que a verdade não é um valor: $x - 0 = x$).

A verdade não tem valor intrínseco; mas isso não diminui em nada sua verdade (já que o valor não é verdadeiro: $y - 0 = y$).

Em outras palavras: verdade (objetiva) só há divina, e valor, humano. Os humanos são sempre pegos nas duas ordens ao mesmo tempo: sujeitos de seu corpo, também têm alguma coisa em si de divino, que não é sua alma (a qual não é nada mais que seu corpo, na medida em que este é sujeito), mas a razão, "verdadeira declaração, em nós, da palavra de Deus", como diz Espinosa. Com o que todo homem é homem-Deus. Jesus Cristo não é uma exceção; é um caso-limite.

A disjunção dessas duas ordens (teórica, objetiva e descritiva, de um lado, prática, subjetiva e normativa do outro), longe de anulá-las ou de reduzi-las, preserva uma e outra e salva ambas da ilusão mistificadora (platônica, religiosa ou cientificista) da sua unicidade. Não se trata aqui nem de terrorismo nem de totalitarismo; nenhuma verdade anula a moral ou a estética; nenhuma moral, nenhuma arte anula a verdade.

"Mas, na vida, essas duas ordens têm de se encontrar, de uma maneira ou de outra...", dir-se-á. Sem dúvida – já que é preciso viver e pensar. Essa articulação é identificável em dois níveis.

Na ordem da ética: se a verdade não tem sentido, o respeito à verdade tem (a verdade não é um valor; a sinceridade, sim).

Na ordem do conhecimento: se o sentido não é verdadeiro, ele pode ser conhecido em verdade (o valor não é verdadeiro, mas pode haver uma teoria verdadeira do valor).

Na primeira ordem, a exigência (prática) é: não mentir.

Na segunda, a exigência (teórica) é: não se enganar.

Combater, aqui, o erro; lá, a mentira.

Essas duas ordens irredutíveis uma à outra se confundem, na vida do sábio, no ponto dele em que essas duas exigências se encontram, isto é, nessa paixão ativa, que o define: *o amor à verdade*.

Essa verdade que Espinosa confessava (*carta 19*) ser sua única preocupação e que ele sempre chamou, desde o *Breve tratado* até a *Ética*, pelo nome de Deus. Porque, diz Espinosa, "não podemos encontrar satisfação absoluta fora do verdadeiro". É a ataraxia espinosista. O "verdadeiro contentamento do espírito" (*vera animi acquiescentia*) é o contentamento do verdadeiro ("*in veris acquiescere*") – o gozo em repouso (*acquiescere*: repousar, gozar) da verdade[4]. Nesse ápice da alma ("na melhor parte de nós mesmos", como diz Espinosa), conhecer, amar, gozar... é uma só coisa. A sabedoria é o amor alegre à verdade. A beatitude é gozo do ser. É o amor verdadeiro ao verdadeiro.

Eterno? A verdade sempre é.

---

4. "A ignorância e a mentira é que causam distúrbio entre os homens; o homem só se apoia na verdade", dirá Diderot.

XII

"A vida não é absurda. Ela só é difícil; muito difícil."

ARTHUR ADAMOV

"Embora o caminho que mostrei pareça extremamente árduo, mesmo assim podemos segui-lo. E deve ser mesmo árduo, tão raramente é encontrado. Se a salvação estivesse à mão e se pudéssemos alcançá-la sem maior esforço, como seria possível ela ser negligenciada por quase todos? Mas tudo o que é belo é tão difícil quanto raro."

ESPINOSA

Há algo paradoxal neste livro, que é, primeiro, reunir por assim dizer "trechos selecionados", extraídos de outro livro, mais completo, mais sistemático, mas também muito mais longo... que eu não escrevi. Inverto assim a ordem habitual, começando por fragmentos e só esperando uma obra, no melhor dos casos, no fim.

Assim fazendo, imito de certo modo os livros de que gosto: certas coletâneas de aforismos, mas sobretudo os fragmentos que nos restam de Epicuro, os *Pensamentos* de Pascal, os *Cahiers* [*Cadernos*] de Simone Weil e até a *Ética* de Espinosa, cuja ordem "geométrica" se oferece, melhor que qualquer outra, a uma leitura reversível e descontínua. Traio também meu gosto, desrespeitoso dirão alguns, em todo caso pouco "sério", por leituras fragmentadas: ler um filósofo fora da ordem, como se faz com um poeta, em busca da própria ordem. Enfim, procuro simplesmente ganhar tempo e não fazer o leitor perdê-lo: vou direto, sem transições nem arranjos. Procuro não ser tedioso.

Eis as razões confessáveis. Mas há uma outra: redigindo estes aforismos ou fragmentos, e publicando-os, se isso finalmente vier a acontecer, jogo de certo modo com o tempo, com a morte, dando a meus textos o aspecto que eles talvez tivessem, dois mil anos depois, se eu tivesse sido grego, ou quando quer que fosse, se eu estivesse morto.

Escolhi, absolutamente sem querer mas também não por equívoco, escrever primeiro minha obra póstuma. Com a ideia sem dúvida – disparatada, absurda, mas que enfim tenho de confessar aqui – de que os mortos, mesmo que ao preço de não existir, são imortais.

Haveria então, na forma deste livro, nessa estrutura descosturada que é a dele, quando não em sua própria existência, o vestígio, que se torna aqui explícito como uma chaga aberta, de uma angústia descontrolada que cada um dos textos que o compõem tinha entretanto o objetivo primeiro de combater. Esta coletânea, que pretendeu ser, da primeira à última página, uma "meditação sobre a vida", estaria então toda ela assombrada pela morte?

Por que não? Não seria necessariamente um fracasso para este livro ter assim, dia após dia, página após página, transformado tanta angústia neste pouquinho de serenidade, ainda que tensa, que aqui ou ali podemos respirar, parece-me, e de uma maneira que não é necessariamente ilusória.

A verdade, quero crer, está nesse *pouquinho* – ou antes, é esse *pouquinho* que está, e por essa razão é sereno, do lado da verdade. Algumas estrelas se destacando na imensidão da noite são, seja qual for sua pequenez real ou aparente, mais verdadeiras (por serem mais reais) do que essa escuridão que as rodeia e, em toda parte e para sempre, as supera.

Assim, em Epicuro (cuja física parece justificar *a posteriori* o estado atomizado de alguns fragmentos seus que chegaram até nós), ainda que, como já dizia Demócrito, "o nada exista tanto quanto o alguma coisa", os átomos são no entanto mais verdadeiros do que o vazio, já que "é verdadeiro o que é do modo como se diz que é", e que do vazio, que não é nada, não se pode dizer nada de positivo – silêncio que, como vocês terão percebido, esgota por si só toda a verdade que dele se pode extrair.

Essa verdade sobre a qual Demócrito escrevia luminosamente que está "no fundo do abismo". Isso supõe que ela não é o próprio abismo.

*

As poucas tentativas literárias que fiz, verdadeiramente literárias (poemas, novelas, inícios de romance...), caracterizam-se por sua extrema tristeza. E meus textos filosóficos, ao contrário: estão mais para alegres ou estimulantes. Como se um fosse o reverso do outro: lado cara, lado coroa, sentir e pensar, viver ou agir, a infância ou a eternidade... Meu pensamento é alegre e a sensibilidade, triste, só isso, e tanto quanto qualquer um não posso sacrificar um ou outro. A verdade, é certo, está do lado do pensamento; mas a vida, por sua vez, está do lado da sensibilidade ou da literatura. É que a vida não está à altura do pensamento, não está à altura da verdade. Senão, eu teria alcançado a sabedoria, cuja distância ou distanciamento esse duplo registro (filosofia, literatura) mede, de certo modo. É por isso que é preciso pensar mais, e escrever, escrever sempre, para preencher esse vazio, essa falta, pelo que a vida não é mais que a vida, e não uma obra. O sábio é aquele que já não precisa de literatura, nem aliás de filosofia. A vida lhe basta. Estou longe disso, e é o que este livro confirma ao mesmo tempo que tenta compreender.

*

Escrever: dizer a sua tristeza, para sair dela, e essa banalidade de tudo, mesmo na felicidade, essa indiferença em relação aos outros, mesmo na amizade, essa solidão, essa lassidão, e a fugacidade de viver... Quando não se pode viver como se pensa, escreve-se o que se vive (literatura) ou o que se pensa (filosofia). Ao fim de tudo, o silêncio.

*

A diferença que há entre Epicuro e Lucrécio não é tanto a distância que separa Roma da Grécia, nem o primeiro século a.C. do terceiro. É o hiato que há entre a sabedoria e sua busca – entre a *sophía* e a *philo-sophía*. Lucrécio, que também é poeta, escreve: "entre o cisne e a andorinha".

A filosofia não é a sabedoria, mas sua busca. A recusa da felicidade ainda não é a beatitude.

É por isso que este livro que chega ao fim é um livro de filosofia, e não, é evidente, o livro de um sábio.

Aliás, se eu houvesse alcançado a sabedoria de que falam meus aforismos, ainda sentiria a necessidade de escrevê-los?

*

Marguerite Yourcenar, em seus "cadernos de notas" sobre as *Mémoires d'Hadrien* [*Memórias de Adriano*]: "Uma das melhores maneiras de recriar o passado de um homem: reconstituir sua biblioteca." É também o que procuro fazer: recriar meu próprio pensamento com os cacos da minha biblioteca – o que resta dela.

Trata-se portanto de um romance?

Mas *pensamento* não é *passado*. Depois um romance sem história, sem personagens... Seria um romance autobiográfico de um amnésico! Ele já não sabe nada do seu passado a não ser suas ideias (que são presentes: ele perdeu a memória, não a razão). Esse amnésico é eu. Mas igualmente ninguém... O que distingue um amnésico de outro amnésico? *My name is nobody.*

(O que distingue um amnésico de outro amnésico, eu sei muito bem: *eles não têm o mesmo corpo.* É daqui que tudo parte e a que tudo retorna. O amnésico pode muito bem ter perdido a alma, mas não o corpo. É por isso que seu corpo não é nunca o que ele procura.)

*

O filósofo avança, como Narciso cego, à luz do esquecimento – em busca da eternidade presente.
O romancista faz o contrário. Um procura reencontrar o tempo, o outro aboli-lo. Que, no fim, eles se encontrem, é outra questão. Os caminhos divergem.

*

Escrevo este livro contra o tempo, contra a morte, e um certo Sacha Guitry interior, que também sou eu, me murmura, galhofeiro: *"Contra... tudo contra..."*
Mas o quê? O corpo é uma coisa, e seus temores, e suas sensações úmidas. Um romancista poderá descrevê-las, analisá-las e encontrar assim seu pão cotidiano nesses resíduos do tempo que flui nesse lodo morno ou glacial. Mas não é um romance que estou escrevendo. Trata-se, aqui, de pensar e de só confessar de si, quando necessário, a parte mais

alta. Madame Bovary não sou eu! Seria inútil por conseguinte me criticar por uma defasagem ou desacordo qualquer entre mim e mim, que seria o de não pensar como minhas entranhas sentem. E no entanto isso é verdade. Mas é que minhas entranhas não pensam.

*

No mais alto trono do mundo, diz mais ou menos Montaigne, um rei nunca sentou sobre outra coisa senão sua bunda. É por isso que a realeza, para o espírito, não é nada. Permitam-me utilizar por minha vez esse dito que a estranha perversidade do nosso tempo tornou desagradavelmente vulgar. Eu penso, concedo isso a vocês, mais alto que minha bunda. Mas é que, se não fosse assim, de nada me serviria pensar. Bastaria eu me sentar.

*

Criticam-me dizendo que corto pedaços de tudo. Mas como fazer, senão? Sem faca, só dá para comer mingau.

*

Ecletismo? Certamente não. Ou então a amizade é um ecletismo, e a guerra outro: escolhemos os amigos, os inimigos, os aliados... E quem, em todos esses casos, se contentaria com um só? *"Quanto mais loucos, mais achamos graça"*, diz o provérbio. Isso também vale para os sábios.

Ou então, se há ecletismo, é um ecletismo materialista – o contrário, nisso, do ecletismo, se é verdade que o ecletismo escolhe seus autores (*eklegein*: escolher) para não escolher de que lado ficar. É o que se costuma dizer em francês: comer em todos os cochos.

Quem ao contrário escolhe seu lado, vê que não está sozinho! "A amizade", dizia Epicuro, "dá volta ao mundo..." Escolher os amigos não é ecletismo. É até mesmo, filosoficamente, o contrário.

O eclético come sozinho em todos os cochos. Os amigos se reúnem para comer a mesma coisa em conjunto. "Porque", diz ainda Epicuro, "fartar-se de carnes em companhia de um amigo é viver como um leão ou um lobo." Isso também é verdade para o pensamento. Com esta diferença: nele ombreamos amigos mortos, e imortais.

*

Eficácia das pequenas coisas: finalmente, minha vida mudou no dia em que decidi, custasse o que custasse, me levantar todas as manhãs, inclusive nas férias, inclusive aos domingos, às sete horas, e começar a trabalhar quase imediatamente. Porque algo diferente, em minha vida, já havia mudado? Sem dúvida, e algo importante: eu vivia sozinho (*"Enfim só, sem o s!"*, como diz Jules Renard em seu *Journal*). Mas essa decisão fez a mudança mudar: a mudança mudou de sentido. "Seguir sua inclinação, mas subindo", diz Gide.

Diante de Marc, a quem eu contava isso, concluí, brincando: "Resumindo, a vida é um combate!"

Ele me olha nos olhos e responde: "Um combate – *leal*." De fato.

A vida a dois muda tudo isso, e de uma forma feliz quando ela é feliz. O que não é motivo para preguiçar indefinidamente.

Que todas as manhãs – amor, trabalho – sejam busca de eternidade. Sejamos eternos até a nossa morte – até de noite.

*

Não há saída para o perigo de viver que não seja seu risco prolongado. A flecha cai onde ela para.

Tranquilize-se. Se tudo é risco, por que essa inquietação? Mas não pare.

*

Armadilhas.
O primeiro perigo é o cansaço; a primeira tentação, o descanso.
O segundo perigo é o tédio; a segunda tentação, a diversão.
O terceiro perigo, e a terceira tentação, é acreditar que o trabalho basta. É uma diversão como outra qualquer, às vezes até um descanso... E toda a vida, que é por si mesma seu cansaço e seu descanso, seu tédio e sua diversão. Assim, tudo é armadilha, perigo, tentação. Inclusive essa própria ideia.

*

Porque estão decepcionados, acreditam-se desesperados. Mas, se estivessem verdadeiramente desesperados, não estariam decepcionados.

*

Renuncie à sua esperança, renuncie ao seu medo, renuncie inclusive à sua coragem. A verdade não tem nada a ver. "O que tenho a ver com a verdade também?", pergunta ele. É que ele não me compreendeu.

*

Grandeza insubstituível de Montaigne. Ele é aquele que nunca mente. É por isso que ele não envelhece: a verdade é eterna. Os mentirosos, estes sim, saem rápido de moda. Uma mentira expulsa a outra...

*

Sei o que me inibe de mostrar estas páginas a este ou aquele: o medo do ridículo. Porque falar hoje em dia de sabedoria, de eternidade, de absoluto... faz sorrir. Mas, como diz Renan, "o medo dos tolos não deve impedir de tratar seriamente o que é sério".
Mesmo quando os tolos são terrivelmente inteligentes. Mesmo quando são nossos amigos.

Falar seriamente do que é sério. Falar simplesmente do que é simples. Duas exigências. Hoje: dois ridículos.

*

Nada é profundo, salvo a verdade.

(Ao escrever essa frase eu tinha a sensação obscura, para além da evidência, de repetir algo já dito por outro, e quase nos mesmos termos. Mas não houve como encontrar aquele que eu, involuntariamente, plagiava! E eis que, dois meses depois, dou com este verso celebérrimo de Boileau:

"Nada é belo, salvo o verdadeiro: só o verdadeiro é amável."

Classicismo, classicismo, quando você nos pega... Racine, Poussin, Espinosa... a luta é a mesma!)

*

Dir-se-á: "Neste livro há mesmo muitas citações..." É verdade. Mas poderia também só ter isso. Teria sido mais modesto do que essa pretensão, nestas páginas, de citar assim, de certo modo, a mim mesmo. Mas o objetivo da coletânea teria sido menos claro.

*

Como escrevi este livro.

O primeiro texto nasceu por acaso, reação de humor, num trem, a uma frase que eu acabava de ler. O segundo foi escrito em reação ao primeiro. O terceiro, para tentar conciliá-los, ou antes, para mostrar que eles não precisavam disso, que eles só se opunham aparentemente. Depois o quarto e o quinto, para unir esse terceiro aos dois primeiros, para pensar a relação entre eles, sua tensão ou sua complementaridade... Cada novo texto veio assim, de longe em longe, preencher o vazio que separava dois textos anteriores. Tratava-se de tapar os buracos... Técnica impressionista, portanto, ou de aquarelista, na medida em que deixa um branco entre as pinceladas de cor, um vazio entre os cheios. Mas é apenas provisório; quando já não houver vazio, o livro terá acabado.

Isso provavelmente não vai acontecer nunca.

*

Acreditei por muito tempo que este livro era interminável. E de fato: para sempre incompleto. Mas eis que ele me cansa, me aborrece, me irrita... Sinto por essa lassidão que ele se afasta de mim, que me afasto dele. Ele se torna uma coisa. Já não me interessa. "Mais dois ou três textos, digo a mim mesmo, e acabou..." Escrevo-os, depois volto a dizer a mim mesmo: "Mais dois ou três..." Chego no entanto ao fim. Adivinho isso pela sensação crescente que tenho da imperfeição desta coletânea. Logo virá um dia em que só poderei completá-lo ao preço de reescrevê-lo inteiramente. Mas não tenho nem vontade, nem força, nem tempo para isso. E além do mais: seria outro livro. Para quê? O que está dito, dito está. Tanto mais que, se estas páginas têm algum valor, é também por este testemunho de um percurso – *pedetemptim*, como diz Lucrécio, "passo a passo"... Este livro é interminável como uma viagem a lugar nenhum. Aonde eu iria? Nunca se acaba de pensar. Mas paro aqui como se faz com um passeio, que também não tem outro fim a não ser o prazer do passeante. Estou com o coração leve, a cabeça vazia... Deixo este amontoado de textos como um pacote de lembranças, um álbum de fotografias: para mais tarde, para os outros, para mostrar aos amigos ou aos filhos... O essencial, sinto bem isso, está em outra parte, e estes textos têm apenas o sentido de pontos de referência. Eles me ajudaram a avançar; deixo-os antes que eles me retenham. Tudo começa hoje. A eternidade também se vive *pedetemptim*... E que cada dia novo seja um novo dia para nós!

*

Encontrar um título para este livro.
Ele poderia se chamar *Da alma* – porque é de fato o que ele busca, o que ele procura dizer: aquilo, no homem,

que o supera, a mais alta parte de si mesmo, sua grandeza, sua verticalidade, sua espiritualidade. Mas, já que "a alma e o corpo são uma só e mesma coisa", como diz Espinosa, mais vale chamá-lo *Do corpo*. Isso se prestará menos a confusão.

*

Deixemos Sísifo com seus rochedos imaginários.
Precisamos ser Ícaro feliz.

*